우리는 왜
서로를 다르게 이해할까

우리는 왜 서로를 다르게 이해할까

발행일   2026년 1월 30일

지은이   박두수
펴낸이   손형국
펴낸곳   (주)북랩

출판등록   2004. 12. 1(제2012-000051호)
주소   서울특별시 금천구 가산디지털 1로 168, 우림라이온스밸리 B동 B111호, B113~115호
홈페이지   www.book.co.kr
전화번호   (02)2026-5777   팩스   (02)3159-9637

ISBN   979-11-7598-098-3 03190 (종이책)   979-11-7598-099-0 05190 (전자책)

본 도서는 (주)북랩이 보유한 리코 인쇄 장비 등 자체 생산 인프라를 통해 제작되었습니다.

작가 연락처 문의 ▸ ask.book.co.kr

전용 게시판에 문의를 남기시면 저자에게 직접 전달됩니다.

(주)북랩 성공출판의 파트너

북랩 홈페이지와 SNS에서 다양한 출판 솔루션을 만나 보세요!

홈페이지 book.co.kr   •   **블로그** blog.naver.com/essaybook   •   **출판문의** text@book.co.kr
카톡채널 북랩

37가지 사회심리 이론으로 읽는 남녀 관계와 상호작용

우리는
왜
서로를
다르게
이해할까

박두수 지음

북랩

사랑이라는 복합적 체계를 해석하는 심리와
커뮤니케이션의 시선

우리가 사랑을 이야기할 때 대부분 감정의 깊이와 순간의 열기를 먼저 떠올린다. 그러나 사랑은 단순한 감정의 산물이 아니라, 인간 심리의 작동 원리와 사회적 소통 체계가 교차하며 만들어 낸 복합적인 현상이다. 마음이 움직일 때는 반드시 어떤 인지가 먼저 작동하고, 관계가 흔들릴 때는 언제나 어떤 메시지가 왜곡되거나 지나치게 증폭된다. 사랑은 그저 일어난 일이 아니라, 여러 층위의 심리적·커뮤니케이션적 원리가 동시에 움직여 빚어낸 하나의 체계다.

심리학은 사랑을 '개인의 내면에서 벌어지는 과정'으로 바라본다. 누군가에게 끌리는 이유, 상대의 행동을 해석하는 방식, 서운함이 커지는 순간, 관계가 안정되거나 불안정해지는 원리… 이 모든 반응은 인간이 감정을 처리하고 판단을 내리는 기본 메커니즘에서 비롯된다. 초두효과처럼 처음의 인상이 마음속 기준을 세우고, 귀인이론처럼 상대의 행동을 해석하는 방식이 오해를 낳으며, 애착이론처럼 어린 시절의 안정감이 성인의 사랑 스타일을 결정한다. 우리가 사랑에서 경험하는 대부분의 기쁨과 흔들림은 이런 심리적 기제의 조합이다.

반면 커뮤니케이션 이론은 사랑을 '두 사람이 만들어 가는 메시지의 세계'로 이해한다. 연애는 말해지는 것보다 더 많은 '해석된 것'으로 이루어진다. 어떤 말은 프레이밍에 따라 전혀 다른 감정의 무게가 되고, 어떤 침묵은 침묵의 나선처럼 상대의 표현을 억누르며 오해의 구조를 만든다. 사회적 침투이론은 친밀함이 어떻게 깊어지는지를 보여주고, 계획된 행동이론은 대화가 어떻게 행동의 변화를 이끄는지를 설명한다. 메시지의 선택, 타이밍, 언어의 결은 결국 관계의 향방을 바꾸는 힘을 가진다.

그러나 사랑은 결코 심리학만으로, 혹은 커뮤니케이션만으로 설명되지 않는다. 인간의 감정은 인지와 메시지가 얽혀 서로를 강화하거나 약화시키며, 미디어의 환경과 사회적 규범까지 더해져 연애의 풍경은 더욱 복잡한 결을 가지게 된다. 온라인 시대의 필터버블과 에코챔버는 관계에서의 기대를 좁히고 감정을 극단으로 몰아가며, 문화배양이론은 미디어가 반복적으로 보여주는 사랑의 이미지가 실제 관계의 기준을 어떻게 재구성하는지 보여준다.

이 책은 바로 이 지점에서 출발한다. 사랑을 단순한 감정의 미스터리로 남겨두지 않고, 심리적 원리와 커뮤니케이션 구조, 그리고 사회적 맥락이 어떻게 서로를 지탱하고 흔들며 관계의 형태를 만들어 내는지를 탐구하려는 시도다. 우리는 일상 속에서 이 모든 이론의 영향을 받으며 연애하고 있지만, 정작 그 흐름을 의식하는 일은 드물다. 이 책은 그 흐름을 조용히 드러내고자 한다.

감정이 왜 그렇게 반응했는지, 말이 왜 뜻과 다르게 전달되었는지, 어떤 순간 관계의 균열이 시작되었는지, 또 어떤 구조 속에서 우리는 사랑을 자연스럽다고 받아들여 왔는지를 설명하려 한다.

심리학은 마음의 내부를, 커뮤니케이션 이론은 마음과 마음이 만나는 순간을 보여준다. 이 두 관점이 겹쳐질 때 우리는 비로소 사랑이라는 경험을 더 깊이 이해하게 된다. 사랑을 더 잘하기 위한 비법을 말하려는 것이 아니다. 다만 관계를 이루는 보이지 않는 코드들을 읽어내는 능력이 생긴다면, 우리는 보다 덜 오해하고 덜 상처받으며, 조금 더 명확하게 서로의 세계를 배우게 될 것이다.

사랑은 결국 서로의 언어를 해석하고 다시 쓰는 과정이다. 이 책이 그 해석의 과정에 작은 빛을 더해주기를 바라며, 이제 사랑에 숨겨진 37개의 이론적 지층 위로 천천히 걸어가 보려 한다.

차례

IV부
미디어와 사랑의 교차점
사랑은 개인의 감정보다 더 큰 흐름 속에서 이해된다

V부
연결, 소속, 그리고 확산의 심리학

사랑은 두 개인의 감정을 넘어 '관계가 흐르는 사회'의 산물

VI부
디지털 세계의 사랑 : 알고리즘과 감정의 충돌

온라인 세계는 우리의 친밀성까지 재편한다

VII부
사랑의 마지막 층위: 욕구, 구조, 권력
관계는 결국 '두 세계가 뒤섞이며 재창조되는 과정'이다

1부

만남의 문을 여는
인지의 작동

사랑은 항상
'보이지 않는 신호'에서
시작된다

사랑의 시작은 언제나 조용하다.

우리는 누군가를 바라보기 전에도 이미 마음속에서는 다양한 인지적 장치가 움직이고 있다.

익숙한 얼굴에 끌리거나 특정 말투에 호감을 느끼는 일, 처음 만난 사람 앞에서 설명할 수 없는 떨림이 생기는 일은 결코 우연이 아니다. 그 속에서는 프라이밍, 프레이밍, 초두효과 같은 보이지 않는 '인지의 프리셋'이 미세하게 작동하며 우리의 감정적 반응을 준비시키고 있다. 어떤 사람은 작은 질문 하나로 호감의 문이 열리고, 어떤 사람은 스치는 향기만으로도 오래된 기억이 깨어난다. 이 순간의 모든 움직임은 아직 감정의 이름조차 붙지 않은 채, 마음의 가장 깊은 곳에서 조용히 결정을 내려놓는다. 사랑은 그렇게 시작된다. 말보다, 표정보다 먼저.

이 장에서는 그 첫 신호의 기원을 따라가며, 마음이 반응하기 직전에 벌어지는 과학적·심리적 흐름을 탐구한다.

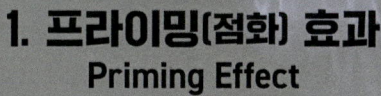

1. 프라이밍(점화) 효과
Priming Effect

보이지 않는 단서가 마음의 문을 먼저 열어두는 순간

데이비드 메이어
David E. Meyer
(1943~2018)

로저 슈반크벨트
Roger W. Schvaneveldt
(1941~2016)

　사람을 좋아하게 되는 과정에는 설명되지 않는 장면이 많다. 어떤 얼굴을 바라본 순간 이유 없이 따뜻해지고, 어떤 말투를 들으면 오래 알고 지낸 사람처럼 편안해지는 순간도 있다. 감정은 종종 '마음이 반응할 준비'를 먼저 해두고 나서야 그 반응이 왜 일어났는지를 천천히 찾아간다. 살아오면서 스쳐 지나간 말들, 익숙한 표정들, 기억 깊은 곳에 자리한 장면들이 조용히 되살아나며 지금의 상대를 해석하는 틀이 된다. 그래서 누군가는 첫인상부터 설명할 수 없는 호감을 주고, 또 누군가는 아무 말도 하지 않았는데도 경계심을 불러일으킨다. 감정은 언제나 현재만을 바라보는 것이 아니라, 지난 기억이 남긴 그늘과 빛을 통과해 지금을 바라본다. 사랑은 그렇게 이미 열려 있던 문을 따라 흘러오기도 하고, 작은 단서 하나가 여러 겹의 인상을 만들어내며 마음을 움직이는 방향을 결정하기도 한다. 프라이밍은 그 문이 언제, 어떻게 열리는지에 대해 조용히 말해주는 이론이다.

무의식은 기억의 무대, 감정은 그 배우

사랑은 때로 그 시작조차 인식되지 않은 채 이미 흘러가고 있는 감정일지도 모른다.

우리가 누군가를 향해 끌린다는 감정, 그것은 반드시 상대의 말이나 행동, 외모 그 자체에서 비롯되는 것이 아니라, 그 사람을 마주하게 되는 상황과 맥락, 분위기와 기억, 감각과 연상 속에서 미리 조용히 준비되어 있었을 가능성이 있다. 이처럼 인지 이전에 작동하는 심리적 현상을 설명하는 개념이 바로 프라이밍(priming)이다. 심리학에서 '점화(prime)'라는 용어는 어떤 자극에 우선적으로 노출이 되면 이미 기억 속에 있는 어떤 정보에 대한 접근성이 증가하는 현상을 말한다. 마치 여러 개의 초가 일렬로 놓여져 있는데 한쪽에 불을 붙이면 여러 개로 옮겨져서 전부 점화가 되는 것과 같은 것이다. 한쪽에만 불을 붙였는데 나머지까지 전부 불이 붙는 현상. 결국 초기에 내가 접한 정보와 자극이 연이어 오는 것에 무의식적으로 많은 영향을 미친다는 심리학적 개념이다.

사랑 속 프라이밍의 작동 방식

관계에서 우리는 상대를 있는 그대로 보는 것 같지만 실제로는 '마음속에 먼저 활성화된 단서들'을 따라보고 있다. 누군가가 사용하는 말투, 어딘가 익숙한 표정, 오래전 기억 속 누군가와 닮은 분위기, 따뜻함·안정감·불안·거리감 같은 정서적 잔향들은 현재의 상대에게 겹쳐져 감정의 방향을 조용히 정해버린다. 예를 들어, 상대의 친절이 이상하게 과장되어 보이는 순간이 있다면 그 전날 미묘하게 느꼈던 의심의 감정이 마음을 먼저 준비시켜 버린 것이다. 반대로, 작은 배려 하나에도 깊이 감동하는 순간은 우리 안의 '좋아한다'는 감정이 이미 마음속에서 자리를 잡았기 때문이다. 프라이밍은 감정이 어떻게 시작되는지를 보여준다. 감정은 사건 뒤가 아니라, 사건 앞에서부터 이미 움직이고 있다.

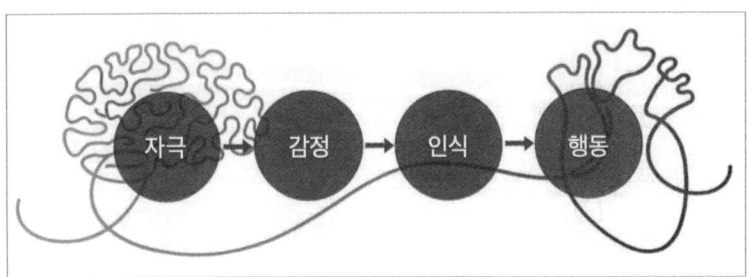

연합망 이론과 사랑의 코드

프라이밍은 인간의 뇌가 특정한 자극에 노출되었을 때, 이후의 감정, 인식, 행동이 무의식적으로 영향을 받는 과정을 뜻한다. 심리학자들은 인간의 기억이 단절된 정보의 집합이 아니라, 서로 연합되어 있는 네트워크라고 본다. 이러한 연합망 이론에 따르면, 하나의 정보가 뇌 속에서 활성화되면 그와 관련된 다른 정보들도 함께 깨어난다. 즉, '따뜻함'이라는 단어를 먼저 접하면 이후에 만나는 대상에 대해 따뜻하고 부드럽게 느끼는 성향이 강화될 수 있는 것이다. 이는 단순한 인식의 착각이 아니라, 인간의 뇌가 외부 세계를 효율적으로 해석하기 위해 사용하는 무의식적 처리 방식이다.

사랑은 '지각된 현실'의 정교한 산물

사실 프라이밍 효과는 연애 심리뿐 아니라 일상 곳곳에서 우리의 판단과 행동을 은근히 조종한다.

예를 들어, 한 실험에서는 사람들에게 따뜻한 커피를 손에 쥐게 한 후 낯선 사람을 소개했을 때, 그 사람이 더 따뜻하고 친절하게 느껴졌다는 결과가 있었다. 반대로 차가운 음료를 들게 하면, 같은 사람에 대해서도 더 냉담하거나 거리감 있게 인식하는 경향이 나타났다. 또 다른 실험에서는 "노인"이라는 단어군에 속할 수 있는 주름, 지팡이, 느림, 회색을 반복적으로 읽은 사람일수록 이후 복도에서 걷는 속도가 느려졌다는 결과도 있다. 이것은 단순한 단어 인식이 아니라, 해당 개념에 대한 무의식적 연상이 실제 행동을 변화시킨 것이다. 마트에서도 프라이밍 효과는 작동한다. 잔잔한 클래식 음악이 흘러나오는 와인 매장에서 사람들은 더 비싼 와인을 구매하고, 프랑스 샹송을 틀어놓으면 프랑스산 와인을 더 많이 집어 든다는 연구 결과도 있다.

심지어 법정에서도 프라이밍은 작동한다. 판사가 피고인의 이름,

복장, 배경 정보를 먼저 어떤 식으로 접하느냐에 따라 양형에 영향을 받는다는 사례는, 이 무의식적 기제가 개인감정을 넘어 사회적 판단에까지 뿌리내리고 있음을 보여준다. 하지만 이러한 실험들은 인간이 얼마나 쉽게 무의식적으로 영향을 받는지를 잘 보여주지만, 일부 프라이밍 실험은 재현성(replicability)에 대한 논의가 이어지고 있어 심리학계에서도 지속적인 검증이 이루어지고 있다. 이처럼 프라이밍은 단순한 연상이 아니라, 인간의 인지체계와 감정, 행동 전체에 파고드는 정교한 인지 구조이며, 우리는 이를 자각하지 못한 채 매 순간 그 영향 아래 살아가고 있음을 이해할 수 있어야 한다.

프라이밍은 시각, 청각, 언어, 감정 등 다양한 감각 채널을 통해 작동하며, 때로는 우리가 인식하지 못하는 미세한 자극조차도 우리의 판단에 영향을 미친다. 특히 연애 초기의 감정은 프라이밍 효과에 매우 취약한 영역이다. 우리는 자신이 어떤 사람에게 끌리는 이유를 '그 사람의 성격이 좋아서', '취향이 잘 맞아서'라고 해석하지만, 실제로는 그 사람이 속한 공간, 대화 속 단어, 향기, 배경음악, 그리고 나의 과거 기억과 감정 상태 등이 만들어낸 무의식적 구도가 크다. 예컨대 비 오는 날 재즈 음악이 흐르는 카페에서 처음 만난 누군가를, 그날의 감정과 함께 기억하는 일이 있다면, 나중에 같은 음악을 들었을 때 그 사람이 다시 떠오르고, 그것이 감정의 잔향이 되어 호감으로 발전하는 것, 바로 이것이 정서적 프라이밍이다. 또는 누군가가 데이트 중 '신뢰', '같이', '따뜻함' 같은 단어를 반복적으로 사용할 때, 우리는 그 사람의 말투에서 실제보다 더 신뢰감을 느끼게 된다. 이 역시 언어적 프라이밍의 대표적인 예이다. 심지어 어떤 사람이 전 애인과 닮은 외모를 가졌다는 이유만으로, 혹은 그 사람의 손이 나의 어릴 적 기억 속 엄마의 손과 비슷하다는 이유만으로, 우리는 설명할 수 없는 친밀감을 느끼기도 한다. 결국 우리가 원하는 대로 상대방의 감정을 무의식적으로 조작할 수 있는 무기가 바로 프라이밍 효과일 수 있다는 것이다.

프라이밍은 조작이 아니라, 정서의 기원

사랑은 그렇게 우리의 의식 밖에서 조용히 자라나기 시작한다. 중요한 것은 이러한 프라이밍 효과가 '조작'이나 '거짓 감정'을 의미하지 않는 다는 점이다. 오히려 이것은 인간의 감정이 얼마나 섬세한 감각과 환경의 영향을 받으며 형성되는지를 보여주는 증거다. 사랑은 때로는 '그 사람'이 아니라 어쩌면 '그 순간'을 사랑하는 감정일 수 있다.

하지만 순간과 사람은 분리되지 않는다. 어떤 말, 어떤 노래, 어떤 냄새가 기억 속의 감정과 연결되고, 그 감정이 또 다른 감정의 문을 연다. 그래서 누군가와의 첫 만남은 항상 중요하고, 데이트를 어디에서 어떻게 하느냐는 사소한 선택처럼 보여도 감정의 뿌리를 만드는 결정적 계기가 될 수 있다. 그래서 프라이밍을 이해 한다는 것은 단순히 심리학적 지식을 아는 것을 넘어, 사랑이라는 감정의 시작을 더 깊이 이해하고 관찰할 수 있는 감각을 갖는 일이다.

사랑, 그리고 감정 인지 이전의 세계

우리는 감정의 존재 이전에 그것을 인식하게 만드는 수많은 자극의 파도 속에 살고 있으며, 사랑 역시 그 물결 중 하나일 뿐이다. 그러니 누군가를 향해 마음이 끌릴 때, 그 마음이 정말 그 사람을 향한 것인지, 아니면 그 사람을 마주한 '그 순간'이 빚어낸 무의식의 향기인지를 곰곰이 되짚어보는 일은 결코 쓸모없는 일이 아닐 것이다.

"결국 사랑은 우리 뇌 속에서 가장 먼저 시작되고, 가슴은 그 다음에 움직인다. 그리고 그 첫 번째 신호는 아주 작고 사소한 어떤 자극일지도 모른다."

2. 프레이밍 효과
Framing Effect
같은 이야기라도 틀을 바꾸면 사랑의 의미가 달라지는 법

대니얼 카너먼
Daniel Kahneman
(1934~2024)

아모스 트버스키
Amos Tversky
(1937~1996)

관계를 오래 바라보다 보면, 어떤 말은 아무렇지 않게 스쳐 지나가고, 어떤 말은 이유 없이 깊은 상처로 남는다. 사람의 감정은 사실 그 자체보다, 사실을 담고 있는 그릇에 더 민감하게 흔들린다.

어떤 날에는 그릇이 투명해서 감정은 고요히 가라앉고, 어떤 날에는 그릇이 비뚤어져 있어 작은 진동에도 크게 흔들린다. 사랑을 하다 보면 그것을 더욱 절실히 느낀다. 상대의 행동은 그대로인데 나의 마음은 다른 색으로 반응하기도 한다. 같은 말임에도 유난히 서늘하게 들리는 날이 있고, 평소와 다를 바 없는 표정이 갑자기 낯설게 느껴지는 순간도 있다. 그 변화는 감정의 갑작스러운 변덕이 아니라, 우리가 바라보는 틀이 기울어진 탓이다. 틀은 아주 작게 밀려도 전체 인식의 방향을 바꾼다.

사랑은 결국 '어떤 프레임으로 감정을 바라보는가'를 중심축으로 움직인다. 서로가 스스로도 모르게 들고 있는 마음의 렌즈가, 관계의 색을 조용히 결정하고 있는 것이다.

이론의 시작·창시자·핵심 개념의 흐름

프레이밍 효과(Framing Effect)는 심리학자 아모스 트버스키와 다니엘 카너먼이 전망이론(Prospect Theory)을 연구하며 밝힌 인간 판단의 대표적 편향이다. 그들은 여러 실험을 통해, 사람은 사실 자체보다 그 사실을 어떤 틀로 제시하느냐에 훨씬 강하게 영향 받는다는 점을 확인했다.

예를 들어, 같은 의학적 수치를 '환자 70%가 회복'이라고 들으면 안정감을 갖고, '30%가 회복하지 못함'이라고 들으면 불안함을 느낀다. 정보는 같지만, 의미는 완전히 다르다.

이처럼 프레임은 감정과 판단의 방향을 결정하는 무의식적 장치다. 그 장치는 연애에서도 놀라울 만큼 비슷하게 작동한다. 대화, 표정, 메시지, 하루의 표정 하나까지도 모두 '틀'을 통해 해석되며, 그 틀이 기울어질수록 감정은 다른 결을 띠기 시작한다.

프레이밍이 사랑에서 작동하는 방식: 해석이 감정을 만든다

연애는 사실의 기록이 아니라 감정의 재해석이다. 같은 행동도 어떤 날은 다정함으로, 어떤 날은 무신경함으로 받아들여진다. 그 차이는 '사실의 변화'가 아니라 '프레임의 방향'이 달라졌기 때문이다.

어떤 관계에서는 사소한 지각이 서로를 배려하는 관계의 흐름 속에서는 이해의 여지로 존재하지만, 감정이 기울어진 시기에는 무관심의 증거처럼 보인다. 몇 시간 동안 연락이 없다는 사실 자체보다 그 침묵을 어떤 틀로 바라보는지가 감정을 결정한다. 감정은 사실을 있는 그대로 받아들이지 않는다. '왜 이럴까'라는 질문을 던지는 틀, '지금 이 상황을 어떻게 해석할 것인가'라는 내면의 관점이 사랑의 의미를 조용히 다시 쓴다. 즉, 사랑의 갈등은 종종 '상황의 문제'가 아니라 '프레임의 기울기'가 만든 결과다.

관계에서 자주 등장하는 네 가지 프레임 패턴

1) 비난 프레임

상황이 아니라 상대의 본질을 문제 삼는 방식. 갈등의 무게가 빠르게 커지고, 마음의 통로가 좁아진다.

2) 상황 프레임

사람이 아니라 맥락을 중심에 두는 시선. 관계의 숨이 고르게 이어지고 서로의 표현이 부드럽게 수렴한다.

3) 희생 프레임

스스로가 관계의 중심에서 모든 부담을 짊어지고 있다고 느끼는 구조. 피로가 누적되고 감정의 공백이 생긴다.

4) 기대 프레임

상대가 특정한 방식으로 행동해야 한다는 당위가 마음속에 자리하는 틀. 기대한 만큼 실망이 커지는 악순환을 만든다.

이 네 가지 틀은 대부분 무의식적으로 선택되기 때문에, 관계의 흐름은 틀의 방향대로 흘러가게 마련이다.

프레임이 갈등을 만든 후 그것을 더 크게 만드는 순간

프레임은 한 번 자리 잡으면 자신을 증명하는 정보만 받아들이는 경향이 있다. 이를 '자기강화 구조'라고 부를 수 있다. 예를 들어, 상대의 답장이 조금 늦어진 순간 마음속에서 '관심이 줄었다'는 틀이 먼저 작동하면 이후의 모든 행동은 그 틀을 강화하는 증거가 되어 돌아온다. 이미 방향이 정해진 해석 안에서는 상대의 말투, 시간, 표정까지도 모두 새로운 의미를 얻게 된다. 이처럼 프레임은 감정의 흐름을 왜곡하고, 왜곡된 감정은 다시 프레임을 굳히며 관계의 기울기를 더욱 가파르게 만든다. 틀은 생각보다 조용히, 그러나 크게 영향을 미친다.

프레임을 의식적으로 다루는 법: 감정을 보는 시선의 재배열

프레임은 제거할 수 있는 구조가 아니다. 그러나 '틀이 존재한다'는 사실을 인지하는 순간 우리는 그 틀에 끌려가는 대신 틀을 다루는 사람이 된다. 관계에서 우리는 다음의 질문을 스스로에게 던질 필요가 있다.

- 지금 내 감정은 사실이 아니라 해석의 산물일 수 있는가?
- 이 장면을 다른 틀로 보면 감정은 어떻게 달라질까?
- 상대가 나를 해치려는 것이 아닌, 단지 피곤하거나 지쳐 있을 가능성은 없는가?
- 내 기대가 상대를 하나의 역할로 제한하고 있지는 않은가?

이처럼 프레임을 의식적으로 재배열하는 순간 감정의 폭풍은 잦아들고 관계는 다시 숨을 고를 수 있다. 틀을 바꾸면 감정의 방향이 달라지고, 감정이 달라지면 관계의 흐름도 바뀐다.

"사랑의 의미는 언제나 사실이 아니라 우리가 선택한 틀 속에서 다시 태어난다."

3. 초두효과·최신효과
Primacy Effect / Recency Effect
처음과 마지막의 인상이 감정의 강도를 결정짓는다

해롤드 켈리
Harold Kelley
(1921~2003)

솔로몬 애쉬
Solomon Asch
(1907~1996)

누군가를 떠올릴 때 가장 먼저 떠오르는 장면은 유난히 선명하다. 첫 만남에서 건네받은 미묘한 미소, 그날의 공기, 말투, 시선의 결은 오래도록 감정의 표지처럼 남는다. 때로는 마지막 순간 또한 깊게 새겨진다. 헤어짐을 알리는 조용한 눈빛, 마무리되지 않은 대화의 여운, 예고 없이 스쳐간 서늘함 같은 것들. 사람의 마음은 처음과 마지막을 평범하게 지나치지 않는다. 감정의 핵심은 중간이 아니라 '경계에 놓인 순간들'에서 더 강하게 움직인다. 처음은 기대의 문을 열고, 마지막은 기억의 문을 닫는다. 그리고 이 두 문은 관계의 대부분을 결정짓는 보이지 않는 구조물처럼 작동한다.

사람은 전체를 기억한다고 믿지만, 사실 우리가 기억하는 것은 처음의 방향성과 마지막의 잔향이다.

사랑 또한 그 두 인상이 만들어내는 결을 따라 흐른다.

이론의 시작·창시자·핵심 개념

초두효과(Primacy Effect)와 최신효과(Recency Effect)는 심리학자 헤롤드 켈리(Harold Kelley)와 솔로몬 애시(Solomon Asch)의 연구에서 '어떤 정보가 인상 형성에 더 큰 영향을 미치는가'라는 질문 속에서 도출된 개념이다. 초두효과는 처음 제시된 정보가 인상 형성에 결정적 영향을 미치는 현상이다. 처음의 이미지는 기준점이 되어 이후 정보를 그 기준에 맞춰 조정하게 만든다. 반면 최신효과는 가장 마지막에 접한 정보가 감정적 판단과 기억에 강하게 남는 현상을 말한다. 사람은 결말에 가까운 순간에 더 감정적으로 반응하고, 그 감정은 전체 경험을 재구성하는 데 사용된다.

즉, 처음은 인식을 정렬하고, 마지막은 기억을 덮는다. 이 두 효과는 인간의 판단 구조를 설명하는 핵심 축이자, 연애의 흐름을 결정 짓는 중요한 원리다.

사랑 속에서 초두효과와 최신효과가 작동하는 방식

사랑의 첫 장면은 가벼운 인사 이상의 의미를 갖는다. 처음 만난 날 상대가 보여준 태도, 분위기, 말투, 그날의 공기 같은 것들은 감정의 기준을 정하고 이후 관계를 바라보는 방향을 결정해버린다.

처음 굳어진 인상은 시간이 지나도 쉽게 바뀌지 않는다. 따뜻한 첫인상이 있었다면 작은 실수도 이해의 틀로 흘러가고, 반대로 첫 만남에서 느낀 미묘한 불편함은 상대의 말과 행동에서 경계의 신호를 먼저 찾게 만든다. 또한 사랑은 마지막 순간에서도 크게 흔들린다. 밤늦게 나눈 대화, 마지막 메시지의 온도, 만남의 끝에 남긴 표정 하나가 그날의 전체를 결정하는 감정적 결론이 된다.

사람의 감정은 중간이 아닌 초입과 마지막에 더 민감하게 반응한다. 그래서 많은 관계는 시작의 밀도와 마지막의 정리가 그 관계의 성격을 거의 규정해버린다.

관계에서 자주 나타나는 인상 효과의 다섯 가지 흐름

사랑의 시작과 끝은 지나고 나면 더 뚜렷해진다. 우리가 처음 만났을 때의 작은 떨림, 마지막 순간의 여운은 사건 하나가 아니라 감정의 방향을 정해주는 흐름처럼 남아 있다. 예를 들어, 어떤 사람과 처음 마주했을 때 별 이유 없이 편안함이 느껴지면 그 이후의 대화는 자연스럽게 긍정적인 색으로 칠해진다. 서툰 농담도 귀엽게 보이고, 조금 늦은 답장도 별일 없겠지 하고 넘기게 된다. 이것이 첫인상이 관계의 초반부를 부드럽게 이끄는 가장 흔한 흐름이다. 반대로 첫 만남에서 어딘가 불편하거나 거리가 느껴졌다 하면 그 느낌은 쉽게 사라지지 않는다. 상대가 아무 잘못을 한 것이 아님에도 말투가 조금만 차가워도 마음에서 경계가 먼저 깜빡거린다. 초두효과는 이렇게 감정의 기준을 정하고, 그 기준은 꽤 오래 유지되는 편이다. 마지막 순간도 비슷한 역할을 한다. 하루의 끝에 나눈 짧은 대화나 헤어지며 남긴 표정 하나가 그날의 전체 분위기를 결정짓는다.

만남이 아무리 즐거웠어도 마지막 말투가 조금만 건조하면 마음속에서는 왠지 모르게 아쉬움의 무게가 커진다. 반대로 마지막에 따뜻한 미소가 남으면 중간의 작은 갈등도 자연스럽게 희미해진다.

사람의 마음은 이렇게 처음과 끝에서 큰 파동을 만든다. 우리는 모든 순간을 기억하는 듯하지만, 사실은 경계에 놓인 순간들이 전체 감정의 인상을 만들어낸다.

갈등과 오해가 커지는 순간: 경계의 장면이 관계를 왜곡할 때

연애에서 초두효과가 갈등을 크게 만드는 경우는 생각보다 흔하다. 예를 들어, 어느 날 처음 만난 자리에서 상대가 조금 무뚝뚝했다면 그 인상이 이후에도 계속 기준이 되는 경우가 있다.

상대가 나중에 다정하게 행동해도 마음 한쪽에서는 '가끔은 차가울 수도 있다'는 첫 느낌이 남아 말 한마디에도 더 예민해지고, 문자 하나에도 불필요한 의미를 부여하게 된다. 최신효과가 관계를 흔드는 순간도 있다. 하루 종일 즐겁게 시간을 보냈어도 마지막에 작은 감정 싸움이 있었다면 그날 전체가 어딘가 쓸쓸하게 기억된다. 반대로, 다소 어색한 하루를 보냈더라도 돌아가는 길에 손을 잡아주거나 가볍게 따뜻함을 남기는 말이 있었다면 그날은 생각보다 훨씬 좋은 기억으로 자리한다.

이것은 특별한 기술이나 연출의 문제가 아니다. 마음은 원래 '처음의 방향'과 '마지막의 온도'를 중심으로 전체를 정리해버리는 성향을 갖기 때문이다.

관계를 더 건강하게 만드는 방법: 경계의 순간을 의식하는 일

이 이론을 관계에서 다루는 핵심은 시작과 끝을 '감정의 중심축'으로 인식하는 것이다.

- 첫 만남이나 첫 대화의 분위기를 조금 더 섬세하게 조율하는 일
- 대화를 마무리할 때 감정의 방향을 다시 한번 정리하는 일
- 갈등이 있어도 마지막에는 감정의 온도를 낮추고 정리하는 일
- 하루의 끝을 차갑게 남기지 않고 작은 배려로 덮는 일

이런 작은 조정만으로도 관계의 인상 구조는 완전히 달라진다. 극적 변화가 필요하지 않다.

감정의 경계에 있는 순간들, 즉 처음과 마지막을 조금 더 다정하게 다루는 것만으로 사랑의 전체적인 흐름은 단단해지고 안정된다.

"사랑의 기억은 언제나 처음의 방향과 마지막의 잔향을 따라 흘러간다."

4. 칵테일파티 효과
Cocktail Party Effect
많은 소음 속에서도 사랑의 신호만은 정확히 들리는 법

에드워드 콜린체리
Colin Cherry(1914~1979)

혼잡한 공간 속 선택적 주의의 발견

1950년대 초, 영국의 심리학자 콜린 체리(Colin Cherry)는 일상적이면서도 흥미로운 현상에 주목했다. 바로 소음이 가득한 파티장에서 우리가 특정한 대화에만 집중할 수 있다는 경험이었다.

여러 사람이 동시에 떠들고 음악이 흘러나오며, 잔 부딪히는 소리와 웃음소리가 얽히는 그 복잡한 환경 속에서도, 우리는 자신이 원하는 대화를 뚜렷하게 듣는다. 나아가, 다른 소리에 묻혀 있던 대화 중에서도 자신의 이름이 불리는 순간 즉각 반응한다. 이 현상은 이후 '칵테일 파티 효과(Cocktail Party Effect)'라는 이름으로 불리게 되었다. 단순히 청각의 기적이 아니라, 인간 인지 체계가 가진 선택적

주의(selective attention)의 힘을 보여주는 사례다. 인간의 두뇌는 무작위로 정보를 받아들이지 않는다. 오히려 '나와 관련 있다'고 판단되는 신호를 선별하고, 그에 집중하는 능력을 발휘한다.

따라서 수많은 소리 중 하나가 또렷이 들린다는 것은, 뇌가 이미 그것을 중요한 메시지로 인식했음을 의미한다. 칵테일 파티 효과는 단순한 실험실 속의 현상이 아니라, 일상과 관계 속에서 지속적으로 발현된다. 그리고 그것은 연애라는 친밀한 상황 속에서 더욱 극적으로 드러난다.

한 사람의 목소리에만 집중하는 마음

연애 초기, 수많은 사람 속에서 누군가에게 끌리는 경험은 칵테일 파티 효과의 심리적 메커니즘과 맞닿아 있다. 예컨대 수십 명이 대화하는 모임 속에서, 우리는 왜 어떤 사람의 말에만 자꾸 귀를 기울이게 될까? 이는 단순한 우연이 아니라, 무의식 속에서 그 사람의 말과 존재가 자기 관련성(self-relevance)을 획득했기 때문이다. 심리학에서는 '자기 관련 효과'라는 개념이 있다. 자신과 관련된 정보는 무의식적으로도 강하게 처리된다는 것이다. 사랑하는 사람의 이름, 목소리, 혹은 그가 자주 쓰는 특정 단어는 다른 소음보다 훨씬 선명하게 다가온다. 즉, 연애란 곧 수많은 신호 중 단 하나의 신호를 특별한 의미로 해석하는 과정이다. 관계가 깊어질수록 이러한 효과는 더욱 강력해진다. 상대방의 미묘한 목소리 톤 변화, 한숨, 혹은 침묵까지도 우리는 즉각적으로 감지한다. 다른 이들의 대화는 배경으로 흘러가도, 연인의 말은 의식의 전면에 등장한다. 이는 칵테일 파티 효과가 단순히 '소음을 뚫고 목소리를 듣는 능력'이 아니라, 사랑이라는 주관적 경험을 구조화하는 심리적 필터임을 시사한다.

북적임 속에서 도드라지는 한 목소리

한번 상상해 보자. 연인이 북적이는 카페 구석에 앉아 이야기를 나누고 있다. 커피머신의 거친 소리, 음악의 리듬, 수많은 대화의 파편들이 공기를 가득 채운다. 그러나 우리의 귀는 놀랍게도, 사랑하는 사람의 목소리에만 선명히 초점을 맞춘다. 다른 소리는 배경음으로 사라지고, 오직 그의 언어만이 진동한다. 이것이 바로 칵테일 파티 효과가 연애 속에서 구현되는 장면이다. 또 다른 장면을 떠올려 보자. 어느 모임에서 수많은 사람이 웃고 떠들 때, 연인의 이름이 들리는 순간 우리는 조건반사처럼 고개를 돌린다. 그것은 단순한 청각적 반응이 아니라, 이미 내 마음이 그 이름을 세상의 어떤 단어보다도 중요하게 여긴다는 증거다. 인간은 사랑을 통해 '자기(Self)'의 경계를 확장한다. 그래서 연인의 신호는 곧 나의 신호가 되고, 그 울림은 세상의 소음 위로 도약한다.

사랑은 선택의 주의, 선택의 예술

칵테일 파티 효과가 전하는 가장 큰 통찰은 '사랑은 선택적 주의의 예술'이라는 사실이다.

인간은 세상의 모든 목소리를 공평하게 듣지 않는다. 우리는 언제나 누군가의 목소리에만 특별히 귀 기울이고, 누군가의 말에만 의미를 부여한다. 바로 이 선택이 곧 사랑의 본질이다. 연애의 시작은 혼잡한 세상 속에서 한 목소리를 배경음이 아닌 주요한 신호로 인식하는 순간이다. 수많은 가능성, 수많은 대화 속에서 한 사람만이 특별한 울림을 주는 경험, 그것이 곧 끌림이다. 그리고 관계가 지속될수록 우리는 상대의 신호를 더욱 정교하게 포착한다. 이는 일종의 인지적 편향이기도 하지만, 동시에 인간이 사랑을 통해 타인을 '자기와 동일시'하는 자연스러운 과정이다.

철학적으로 본다면, 사랑은 무질서한 세계를 정리하고 특정한 질서를 부여하는 행위다.

세상은 언제나 소란스럽고, 수많은 목소리가 우리를 향해 울려온다. 그러나 사랑은 그 소란 속에서 단 하나의 목소리를 뽑아내어, 그것을 자신의 삶의 배경 음악으로 삼는 선택이다.

당신의 목소리만 들리는 이유

칵테일 파티 효과는 단순한 청각 현상처럼 보이지만, 사실 그것은 인간 심리의 깊은 메커니즘을 드러내는 은유적 창이다. 연애 속에서 우리는 늘 수많은 소리를 마주하지만, 그중에서도 연인의 목소리만은 가장 선명하게 들린다. 그 목소리는 다른 모든 소리를 뚫고 내 마음에 도착하며, 나를 움직이고, 나의 세계를 재구성한다.

결국 사랑이란, 수많은 목소리와 가능성 속에서 단 한 사람의 목소리를 선택적으로 듣고, 그것에 의미를 부여하며 살아가는 과정이다. 세상은 언제나 시끄럽다. 그러나 사랑은 그 소란 속에서 단 하나의 속삭임을 붙잡는 기적이다. 그리고 그 순간, 우리는 이해한다. 왜 그대의 목소리만이 나에게 가장 큰 음악이 되는지를.

"사랑은 수많은 소음 속에서도 결국 서로의 목소리를 가장 정확히 알아 듣는 능력에서 시작된다."

5. 휴리스틱-체계적 모델
Heuristic-Systematic Model
빠른 판단과 깊은 사고가 번갈아 관계를 조율한다

셀리 차이켄
Shelly Chaiken(1949~)

　인간은 언제나 판단의 기로에 선다. 메시지를 받아들일 때, 상대의 말을 해석할 때, 혹은 사랑에 빠질지 말지를 고민할 때도. 이럴 때 우리의 마음은 두 갈래 길을 선택할 수 있다. 바로 '깊이 파고드는 길'과 '가볍게 스치는 길'이다. 이는 설득 커뮤니케이션 이론 중 하나인 휴리스틱-체계적 모델(Heuristic-Systematic Model, HSM)로 설명할 수 있다. 셀리 차이켄(Shelly Chaiken)이 제시한 이 모델은 인간이 정보를 처리하는 두 가지 방식, 체계적 처리(systematic processing)와 휴리스틱 처리(heuristic processing)에 주목한다. 체계적 처리는 논리와 근거에 기반한 깊은 분석을, 휴리스틱 처리는 단순한 단서나 직관에 따른 신속한 판단을 의미한다. 이 이론은 우리가 뉴스 기사,

광고, 정치 메시지, 심지어 연인의 말 한마디까지 어떤 방식으로 받아들이는지를 설명해준다. 흥미로운 점은 이 두 정보 처리 방식이 반드시 따로 작동하는 것이 아니라, 상황에 따라 혼재되어 있다는 점이다.

때로는 논리와 감정이 서로 교차하며 우리의 판단을 만든다. 이러한 구조는 단순히 메시지 수용을 넘어, 사람 사이의 관계, 특히 복잡다단한 남녀 간 연애 심리를 이해하는 데 매우 중요한 단서가 된다.

첫인상은 시처럼 가볍게, '인지의 지름길'을 걷는 사랑

연애의 시작은 언제나 낯설고 아름답다. 그 아름다움 속에는 우리가 의식하지 못한 채 가볍게 작동하는 수많은 인지적 지름길, 즉 휴리스틱 처리의 흔적이 담겨 있다. 상대방의 눈빛, 말투, 외모, 옷차림, 심지어 향기까지도 우리는 이성적 분석보다는 감각적 인상으로 받아들인다. "말이 조리 있어 믿음직해 보여" 혹은 "패션 감각이 좋아서 감성도 섬세할 것 같아"라는 판단은 우리가 상대에 대해 깊은 정보를 알기도 전에 내리는 즉각적인 해석이다. 연애 초기에는 상대방에 대한 정보가 제한적이기 때문에 우리는 이러한 간단한 단서를 통해 '괜찮은 사람'이라는 결론에 도달한다. 휴리스틱 처리는 연애의 문을 여는 첫 번째 열쇠와도 같다. 이 단계의 사랑은 직관이 주도하고, 감정은 시처럼 가볍다.

불꽃이 머무는 이유, 깊이 파고드는 체계적 사랑

시간이 흐르고 관계가 깊어지면, 사랑은 더 이상 첫인상의 환상만으로는 유지되지 않는다.

그때부터는 체계적 처리가 등장한다. 말의 진정성, 행동의 일관성, 위기에서의 태도, 일상에서의 배려심과 같은 요소들이 관계의 지속 가능성을 가늠하는 기준이 된다. "그 사람은 화났을 때에도 대화를 시도하려고 했고, 내 감정을 반복해서 확인해 주었어." 이런 판단은 단순한 이미지가 아닌, 축적된 경험의 분석에서 비롯된다. 우리는 점점 더 상대의 내면과 대화하고, 감정의 결을 살피고, 인생의 리듬을 함께 조율하려 한다. 체계적 처리는 사랑을 일회적인 호감에서 장기적인 신뢰와 애착으로 전환시키는 중요한 힘이다.

감정의 안개 속에서, 두 갈래의 길이 교차할 때

그러나 사랑은 언제나 논리적이지만은 않다. 마음은 계산되지 않은 방향으로 흔들리고, 이성과 감정은 손을 맞잡기도 하고 등을 돌리기도 한다. 바로 이 지점에서 체계적 처리와 휴리스틱 처리의 교차가 시작된다. "이 사람은 나에게 맞지 않는다는 걸 알지만, 자꾸만 생각이 난다." "다른 부분은 부족해도 이상하게 그 따뜻한 눈빛이 잊히지 않아." 이런 혼란은 단순한 갈등이 아니라, 인간 심리의 이중성이다. 판단은 체계적으로 하면서도, 선택은 감정으로 하는 경우가 많다. 반대로 감정적으로 빠져들었지만, 시간이 지나면서 논리적으로 거리를 두게 되는 경우도 있다. 사랑은 종종 체계와 직관 사이에서 길을 잃는다. 그러나 그 모호함조차 사랑의 일부이며, 그 안개 속을 함께 걷는 것이 진짜 관계일지도 모른다.

남자와 여자의 다른 나침반, 성별에 따른 정보처리의 뉘앙스

홍미롭게도, 남성과 여성은 연애 장면에서 다소 다른 방식으로 이
두 가지 처리 방식을 조율한다.

전통적 연구들은 남성이 시각적 단서인 외모, 몸짓, 분위기 등에
민감하게 반응하며 휴리스틱 처리 경향이 강하다고 본다. 반면 여성
은 언어적 표현, 감정적 안정감, 관계의 맥락 등 체계적 처리의 기반
이 되는 단서들을 더 깊이 고려하는 경향을 보인다. 이러한 차이는
데이트 장면에서도 드러난다. 남성은 짧은 대화와 강렬한 인상에 매
혹되기 쉽고, 여성은 초기에는 신중하지만 안정감 있는 관계 속에서
더 깊은 감정적 개입을 한다. 물론 이러한 경향은 어디까지나 평균
적 경향이며, 개별적 성격이나 경험에 따라 얼마든지 달라질 수 있
다. 그러나 이러한 구조를 인식함으로써, 우리는 상대방의 반응을
보다 유연하게 해석할 수 있고, 감정의 엇갈림에 덜 휘둘릴 수 있다.

사랑의 마지막 풍경, 충분함의 지점에서 멈추는 감정

HSM은 또한 '충분성 원칙(sufficiency principle)'을 제안한다. 인간
은 일정 수준에서 '이 정도면 충분하다'고 느끼면 더 이상의 정보 처
리를 중단한다. 이 원칙은 연애에서도 뚜렷하게 나타난다. 어떤 관계
는 더 알아보려 하지 않아도 '이 사람이다'라고 확신을 주기도 하고,
반대로 수많은 정보를 얻었음에도 '뭔가 부족하다'는 감정을 지우지

못하기도 한다. 이처럼 사랑은 항상 더 알고 싶지만, 동시에 어느 순간 '멈추는' 감정이다. 그 멈춤은 만족일 수도 있고, 실망일 수도 있으며, 어쩌면 관계를 정리하는 명확한 신호일 수도 있다. 중요한 건, 사랑도 결국 하나의 정보처리 과정이라는 점이며, 그 끝은 이성적인 평가이든 감정적인 포기이든 각자의 방식으로 결정된다.

사랑이라는 인지의 우주, 이론이 비추는 감정의 그림자

휴리스틱-체계적 모델은 사랑의 본질을 설명하는 완벽한 이론은 아닐지 모른다. 그러나 이 이론은 우리가 사랑에 빠질 때, 혼란스러워할 때, 혹은 관계를 유지하거나 끝내야 할 때 그 감정의 흐름을 이해하는 데 분명한 실마리를 제공한다. 사람은 단순한 이성의 동물이 아니며, 사랑은 단순한 논리의 방정식이 아니다. 그러나 우리는 종종 이성과 감정, 직관과 분석 사이를 끊임없이 오가며 관계의 윤곽을 그린다.

이제 누군가를 사랑하게 되었다면, 또는 사랑을 지나 보내고 있다면, 스스로에게 조용히 물어보자.

지금 나는 체계적 처리를 하고 있는가, 아니면 휴리스틱 처리에 이끌리고 있는가.

그 질문의 답은 어쩌면, 사랑의 진실에 조금 더 가까이 다가서는 문이 되어줄 것이다.

"마음은 생각보다 빠르게 선택하고, 느리게 그 선택의 의미를 깨달아간다."

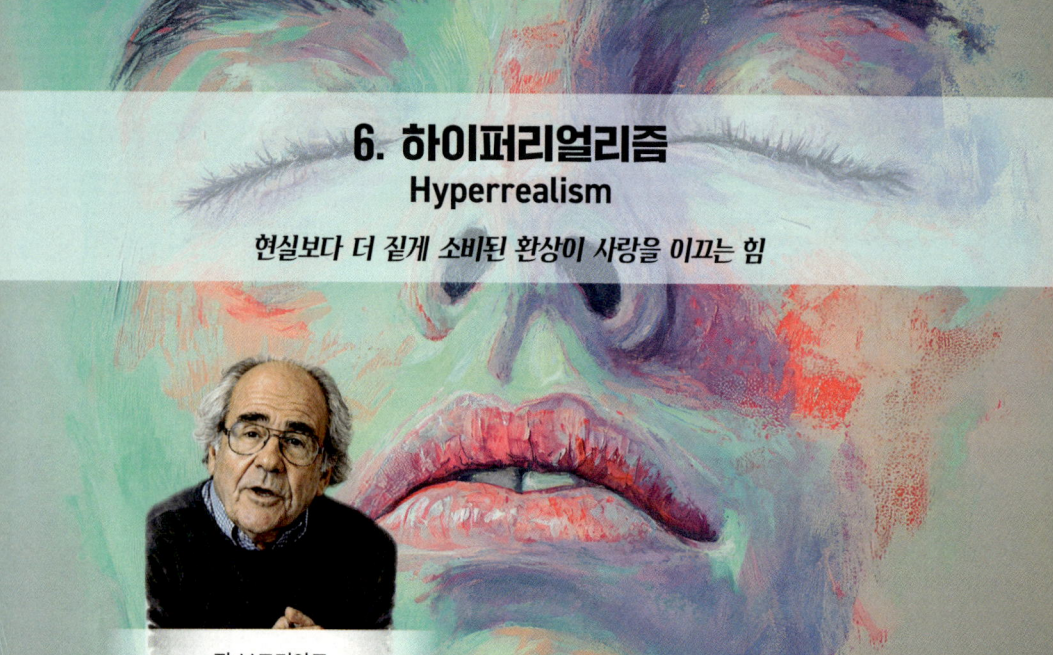

6. 하이퍼리얼리즘
Hyperrealism

현실보다 더 짙게 소비된 환상이 사랑을 이끄는 힘

장 보드리야르
Jean Baudrillard(1929~2007)

빛보다 먼저 도착하는 감정의 그림자

사랑을 하다 보면 현실의 장면보다 마음속 이미지가 더 선명하게 다가오는 순간이 있다. 상대가 보인 작은 미소 하나가 의미 이상으로 과장되어 떠오르거나, 단순한 배려가 마음속 이야기로 확대되며 현실을 초과하는 짙은 감정을 만들어내는 때가 있다. 어떤 사랑은 만나기 전부터 시작된다.

상대를 보기 전 이미 마음속에서 수십 번 되감고, 상대가 하지 않은 말과 행동까지 상상하며 감정의 방향을 결정한다. 사람의 마음은 이렇게 현실보다 더 앞서가고, 이미 만들어진 이미지 위에서 관계를 이어가기도 한다.

철학이 말하는 '더 진한 현실'의 세계

하이퍼리얼리즘은 프랑스 철학자 장 보드리야르가 밝힌 개념으로, 현실보다 더 현실처럼 느껴지는 모조 이미지를 설명한다. 그가 말한 핵심은 사람은 눈앞의 사실보다 그것을 해석하며 만들어낸 이미지에 더 많은 감정과 의미를 부여한다는 점이었다. 연애에서 이 현상은 더욱 선명하게 드러난다.

실제 상대보다 내가 떠올린 이미지가 앞서고, 상대의 행동보다 그 행동을 바라보는 나의 기대·상상·기억이 감정의 구조를 먼저 만들어버린다. 사랑 속 하이퍼리얼리즘은 현실을 그대로 보는 것이 아니라 현실 위에 얹어진 나만의 서사와 감정을 더 깊게 믿는 순간을 말한다.

실제보다 더 진하게 그려지는 감정의 착시

누군가를 좋아하기 시작하면 상대의 행동은 현실보다 더 큰 의미를 갖게 된다. 짧은 메시지가 하루를 들뜨게 만들고, 우연히 맞춰진 시선이 운명처럼 느껴지며, 조용한 침묵마저 특별한 신호처럼 받아들여지기도 한다. 반대로 불안이 마음을 채우는 관계에서는 아무 뜻 없는 말투도 멀어진 기색처럼 다가오고, 답장이 조금 늦어졌다는 이유만으로 수많은 상상의 서사가 자라난다. 현실은 변하지 않았는데 마음속 세계는 깊고 빠르게 움직인다. 이 간극을 만드는 것이 바로 하이퍼리얼리즘의 작동 방식이다.

사람들이 사랑 속에서 흔히 겪는 초현실적 장면들

하이퍼리얼리즘은 특별한 것이 아니라 우리가 흔히 겪는 다음 장면들 속에 자연스럽게 숨어 있다.

- 상대의 작은 배려를 마음속에서는 오래 기다려온 호감의 증거로 받아들이는 순간
- 대화의 뉘앙스 하나로 관계의 미래를 단번에 예측해버리는 흐름
- 상대의 SNS 사진이나 문장들이 실제 성격보다 더 선명한 기준처럼 느껴지는 경험
- 나와 상관없는 상황도 불안이 클 때는 온갖 의미로 연결되는 감정의 비약
- 현실의 기분이 아니라 머릿속에서 엮어낸 서사가 관계의 방향을 결정해버리는 과정

이 장면들은 모두 현실을 바라보고 있음에도 마음은 이미 그보다 앞서가고 있음을 보여준다.

갈등이 부풀어 오르는 이유: 상상이 현실을 대신할 때

하이퍼리얼리즘의 문제는 현실보다 상상이 먼저 반응한다는 데 있다.

상대가 잠시 연락을 놓쳤을 뿐인데 마음속에서는 관계가 흔들리고 있다는 서사가 순식간에 만들어지기도 한다. 작은 무심함은 의도된 거리감으로 과장되고, 실재하지 않는 의미들이 관계의 온도를 빠르게 냉각시키기도 한다. 사실이 아닌 '내가 만든 이야기'가 관계를 대신 설명하기 시작하면 감정은 점점 원래 자리에서 멀어진다.

환상을 없애는 것이 아니라, 균형을 세우는 일

사랑에서 상상은 필요하다.

상상이 없다면 설렘도, 기대도, 미래에 대한 그 따뜻한 희망도 사라질 것이다. 문제는 상상이 현실을 지워버릴 때 생긴다. 균형을 만들기 위해 필요한 것은 거창한 기술이 아니다.

- 감정이 지나치게 빠르게 커질 때 그것이 현실의 무게인지, 상상이 만든 열기인지 살펴보는 일
- 상대의 행동보다 내가 해석한 이미지가 더 큰 비중을 차지하고 있지는 않은지 점검하는 일
- 과거의 상처나 경험이 현재의 상대를 왜곡하고 있는지 들여다보는 일
- 미래의 서사가 현재의 모습을 덮어버리고 있지 않은지 돌아보는 일

이 작은 성찰만으로도 관계는 훨씬 단단하고 건강하게 자리 잡는다.

"사랑은 종종 현실보다 더 진하게 그려진 마음의 이미지 위에서 완성된다."

7. 기호화
Encoding / Decoding
감정은 언어로 번역되는 순간 서로에게 다른 의미가 된다

스튜어트 홀
Stuart Hall(1932~2014)

사랑은 말로 다 표현되지 않는다. 어쩌면 사랑은, 말보다 먼저 도착한 눈빛이었고, 말보다 더 오래 남는 손끝의 온기였는지도 모른다. 하지만 '말하지 않아도 알 거라 믿었던 순간들이 사실은 오해의 시작이었다는 걸, 우리는 종종 너무 늦게 깨닫는다. 이런 엇갈림의 심연에는 심리학과 커뮤니케이션 이론이 설명하는 중요한 개념이 숨어 있다. 바로 '기호화(encoding)'라는 과정이다.

기호화란 무엇인가?

기호화는 커뮤니케이션 과정의 출발점이다. 기호화 과정은 단순히 의미를 담는 작업이 아니라, 문화적, 사회적 맥락 속에서 형성된 코드와 규약에 따라 선택되는 과정이라 할 수 있다. 어떤 생각이나 감정, 의도를 상징적 형태로 변환하여 메시지를 구성하는 행위로, 이 과정은 단순한 표현의 문제가 아니다. 이론적으로 기호화는 발신자(sender)가 내면의 의미를 언어나 이미지, 동작, 표정 등 기호 체계를 이용해 메시지로 변환(encoding)하는 과정을 의미한다. 이때 사용되는 기호는 개인의 경험, 사회적 맥락, 문화적 배경에 따라 달라지며, 상대가 동일한 기호 체계를 공유하지 않으면 메시지의 의도는 왜곡되거나 전혀 다른 의미로 해석된다. 따라서 기호화는 감정을 단순히 표현하는 것이 아니라, 해석 가능한 형태로 구조화하는 '의미 설계'의 과정이다. 그것이 바로 커뮤니케이션이 단순한 정보 전달을 넘어서, 의미 구성의 행위로 이해되는 이유다. 예를 들어, 한 남자가 여자를 향한 진심을 담아 무뚝뚝하게 "밥은 먹었냐" 묻는다. 이것은 단순한 질문이 아니다. 그 말 안에는 걱정, 관심, 그리고 익숙하지 않은 사랑의 표현이 숨겨져 있다. 하지만 이 말이 여자의 귀에는 '시큰둥한 안부'로만 들릴 수도 있다. 기호화는 이렇듯 사랑을 표현하려는 첫걸음이지만, 그 코드가 어긋나면 애틋한 마음도 쉽게 전해지지 않는다.

남자는 행동으로, 여자는 말로

연애의 수많은 갈등은 이 기호화 방식의 차이에서 비롯된다. 남자는 '행동'으로 기호화하고, 여자는 '언어'로 해석하는 경향이 있다. 그는 데려다주는 것으로 마음을 표현하고, 그녀는 "너는 왜 사랑한단 말을 안 해?"라고 묻는다. 그녀의 '사랑해'는 명시적 코드고, 그의 '차문 열어주기'는 암묵적 기호다. 이 둘의 기호화 방식이 다를 때, 마음은 존재하지만 의미는 불완전하게 전달된다. 바로 이 지점에서, 연애는 자주 혼선의 바다로 빠져든다.

오해는 해독의 실패가 아니라 기호화의 착오일 가능성

영국의 문화이론가 스튜어트 홀(Stuart Hall)은 그의 'Encoding/Decoding' 모델에서 메시지는 중립적이지 않으며, 항상 특정한 이데올로기적 입장이 담긴 채 기호화된다. 그래서 수신자는 동일한 문화적 코드, 맥락을 공유하지 않으면 원 의도와 다르게 해석할 수 있으며, 따라서 커뮤니케이션은 '전달'이 아니라, '해석과 구성의 정치적 과정'이라고 주장했다. 즉 모든 커뮤니케이션이 발신자의 이념과 문화적 코드가 반영된 상태로 기호화되며, 이때 수신자는 자신의 문화적 위치에서 이를 해독하게 되기 때문에, 어떻게 해독하느냐에 따라 발신자가 의도한 의미가 그대로 전달되지 않을 수도 있다는 말이다. 이를 연애에 대입하면, 한 연인의 '사랑해'라는 말이 상대에게는 '의례적인 인사'로 들릴 수도 있고, 반대로 아무 말 없이 곁에 있어주는 행동이 상대에게는 '무관심'으로 읽힐 수도 있다.

이렇듯 연애에서 기호화 실패는 단순한 커뮤니케이션 오류를 넘어서, 감정 그 자체의 진정성을 의심하게 만드는 위험을 동반한다. 사랑도 결국, 전달될 수 있어야 사랑이 된다. 그는 피곤한 얼굴로 말없이 앉아 있었고, 그녀는 그 모습에서 '무관심'을 읽는다. 하지만 그의 머릿속엔 "내가 말하면 괜히 그녀가 걱정할까 봐 그냥 웃자"는 계산이 있었을지 모른다. 그는 진심을 잘 포장했다고 생각했지만, 포장의 리본이 엉켜버린 셈이다. 사랑의 기호화는 진심을 '보이는 형태'로 조심스럽게 가공하는 일이다.

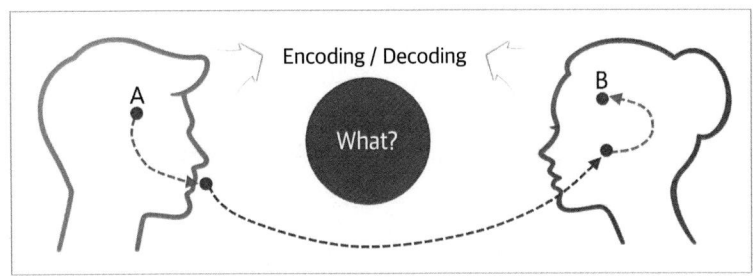

사랑의 언어를 배우는 일은 기호의 사전을 맞추는 것

연애란 결국, 서로의 기호 사전을 함께 써 내려가는 여정이다. 연애 초기에는 이 기호 체계가 서로 다르기 때문에, 우리는 자주 오해하고, 서운해하며, 때로는 이유 모를 거리감을 느낀다. 하지만 연애의 본질은 이 기호 체계를 조율해 나가는 과정이다. 내가 '사랑해'를 말할 때 그것이 '넌 내 전부야'로 해석되기를 바란다면, 우리는 그 코드에 대한 합의를 만들어가야 한다. 어떤 사람에게 "오늘 뭐 먹을까?"는 일상의 대화지만, 어떤 연인에게는 그 질문 하나에 '함께 하고 싶은 마음'이 숨겨져 있다. 우리는 자주 사랑을 기호화하지만, 그 기호는 받는 사람의 인식 체계 속에서 전혀 다른 의미로 재구성된다. 따라서 연애는 단순한 감정의 교류가 아니라, 지속적인 해석과 재기호화의 과정이다.

한 번의 오해가 생겼을 때, 그것이 해독의 문제인지, 아니면 기호화의 문제인지 되짚어보는 지혜가 필요하다.

표현되지 않은 사랑은 존재하지 않는다

마음만으로 충분하다고 말하는 이들이 있다. 하지만 커뮤니케이션 이론은 분명히 말한다. 기호화되지 않은 감정은 전달되지 않으며, 전달되지 않은 감정은 존재하지 않는 것과 같다. 사랑이란 결국, 존재하는 마음을 '전달 가능한 형태'로 만들어내는 일이다. 그리고 이 전달의 출발점이자 핵심이 바로 기호화다. 우리는 말하지 않음으로써 마음을 전할 수도 있지만, 그 침묵조차 '기호'로 해석될 수 있어야 진정한 커뮤니케이션이라 할 수 있다.

커뮤니케이션은 결국 마음의 '번역'

말을 아낀다고 사랑이 깊어지는 건 아니다. 말로 다 하지 못할 감정이 있다고 해서, 표현을 멈출 이유도 없다. 우리의 마음은 번역되어야 하고, 그 번역에는 정확한 기호와 적절한 타이밍이 필요하다.

기호화란, 사랑을 전달 가능한 형태로 번역하는 창조적 행위다. 그리고 연애란, 서로 다른 언어를 가진 두 사람이 천천히 그 번역본을 함께 고쳐가는 일이다.

"사랑의 오해는 마음이 부족해서가 아니라, 번역이 어긋나서 생긴다."

호감과 선택의 순간

: 마음이 기울어지는 조건들

감정, 해석,

기대가 교차하는

사랑의 초기 지형

호감은 단순히 '끌림'이라는 말로 설명되지 않는다.

우리는 상대의 말과 행동을 해석하며 끝없는 판단을 내리고, 그 판단은 다시 우리의 감정에 방향을 부여한다. 귀인이론은 상대의 행동을 어떻게 해석하느냐에 따라 감정이 완전히 다른 의미를 갖는다는 사실을 보여준다. 거울자아 이론은 우리가 타인의 시선을 통해 자신을 다시 구성하고 있음을 드러내며, 애착이론은 오래전 형성된 안정감이 사랑의 방식에 자연스럽게 스며든다는 사실을 설명한다.

호감의 순간은 이 모든 해석과 기대가 서로 얽히는 지점이다.

누군가에게 마음이 기울어지는 이유는 결코 하나가 아니다.

감정의 배후에서 일어나는 수많은 심리적 계산과 무의식적 판단이, 두 사람의 첫 시작을 조용히 이끌고 있을 뿐이다.

이 장에서는 그 복잡한 초기 지형을 들여다본다.

1. 기본감정이론
Basic Emotions Theory
모든 사랑은 인간의 원초적 감정에서 시작된다

폴 에크먼
Paul Ekman
(1934~2025)

감정의 얼굴, 인간 보편의 언어

사랑은 언제나 말보다 먼저 얼굴에 드러난다.

미국의 심리학자 폴 에크먼은 전 세계의 다양한 문화권을 연구하며 인간의 표정이 감정을 숨길 수 없다는 사실을 증명했다. 그가 발견한 여섯 가지 기본 감정인 기쁨, 슬픔, 분노, 공포, 놀람, 혐오는 언어와 국경을 초월해 누구나 공유하는 원초적 언어였다. 미소를 짓는 아기의 얼굴, 눈물이 맺힌 연인의 표정, 예상치 못한 순간 눈이 커지는 모습은 어느 문화에서나 똑같이 해석된다. 사랑 역시 바로 이 감정의 보편성을 발판 삼아 시작된다. 낯선 두 사람이 마주보는 순간, 어색함 속에서 스쳐 지나가는 미소와 시선은 이미 사랑의 문을 열고 있는 신호일지도 모른다. 결국 사랑은 언어 이전의 언어, 얼굴이라는 무대에서 연주되는 감정의 심포니라 할 수 있다.

연애의 기쁨, 표정으로 피어나는 행복

에크먼이 제시한 여섯 감정 중에서 '기쁨'은 연애의 본질을 가장 잘 드러낸다.

사랑에 빠진 순간 사람의 얼굴은 특별한 빛을 띠게 된다. 심리학자들이 '듀센 미소(Duchenne smile)'라 부르는 진정한 웃음은 눈가의 근육까지 움직이며 자연스럽게 나타난다. 이 웃음은 억지로 지을 수 없기에, 상대방이 자신에게 진심인지 아닌지를 구분하는 가장 확실한 단서가 된다. 연애 초기에 나누는 미소는 단순한 즐거움이 아니라 상대에게 안전감을 주고, 함께 있어도 괜찮다는 무언의 약속이 된다. 사랑은 결국 '함께 웃는 법'을 배우는 과정이다. 웃음이 공유될 때 두 사람의 관계는 심리적 안정 위에 놓이고, 행복이라는 감정은 연인의 일상에 잔잔히 스며든다.

사랑 속의 불안, 공포와 놀람의 그림자

하지만 사랑이 항상 웃음으로만 이어지는 것은 아니다. 에크먼이 말한 '공포'와 '놀람'은 연애의 그림자이자 또 다른 빛이다. 상대방의 갑작스러운 무심함, 혹은 예상치 못한 고백의 순간은 우리 안에 불안과 떨림을 불러온다. 공포는 상대를 잃을지도 모른다는 두려움으로 다가오지만, 역설적으로 이 두려움은 사랑을 더욱 소중히 여기게 만든다. 놀람은 일상의 틀을 깨뜨리며 관계에 새로운 긴장과 활력을 준다. 예기치 못한 선물, 뜻밖의 고백, 예상을 넘어선 행동은 놀람을 통해 사랑을 신선하게 유지한다. 결국 공포와 놀람은 관계의 불안정성을 드러내면서도 동시에 그 관계를 더욱 단단하게 붙잡는 감정적 장치가 된다. 사랑은 두려움과 설렘이 교차하는 연약한 줄 위에서 이루어지는 춤과 같다.

분노와 혐오, 갈등의 불가피한 동반자

에크먼의 기본감정 중에서 가장 불편하게 다가오는 것은 '분노'와 '혐오'일 것이다. 그러나 연애 관계에서 이 감정들을 완전히 배제하는 것은 불가능하다. 오히려 분노와 혐오는 두 사람의 차이를 드러내고, 서로의 기대와 한계를 확인하는 통로가 된다. 분노는 상대방에게 자신의 바람과 요구가 충족되지 않았음을 표현하는 방식이고, 혐오는 개인의 가치와 기준이 침해될 때 나타나는 신호이다. 사랑하는 사이라 해도 완전히 같은 사람이 될 수는 없다. 따라서 갈등은 불가피하며, 분노와 혐오는 그 갈등을 드러내는 거울과 같다. 중요한 것은 이 감정을 억누르는 것이 아니라, 어떻게 건강하게 표현하고 조율하느냐이다. 성숙한 관계는 분노와 혐오를 통해 서로의 경계를 존중하고, 그럼에도 불구하고 함께 있기를 선택하는 결단에서 자라난다.

감정의 보편성과 사랑의 특수성

폴 에크먼이 밝힌 기본 감정은 전 인류가 공유하는 보편적 진실이다. 그러나 연애라는 맥락 속에서 이 보편적 감정은 특별한 색채를 띤다. 같은 미소라도 연인 사이에서는 애정의 고백이 되고, 같은 눈물도 서로의 아픔을 공감하는 친밀함으로 변한다. 분노조차도 '그만큼 당신이 소중하다'는 역설적 증거가 되며, 혐오는 '너와 나의 다름'을 인정하는 경계의 표현이 된다. 즉 사랑은 보편적인 감정이 관계라는 맥락 속에서 새로운 의미를 획득하는 과정이다. 보편성과 특수성의 교차점에 서 있는 감정은 사랑을 단순한 생물학적 본능이 아니라, 문화적이고 상징적인 경험으로 만들어준다.

얼굴에 새겨진 사랑의 진실

결국 폴 에크먼의 기본감정이론은 사랑을 이해하는 데 깊은 통찰을 제공한다. 여섯 가지 감정은 사랑의 여정을 따라다니며, 얼굴이라는 무대 위에서 흔적을 남긴다. 우리는 상대방의 눈빛 속에서 사랑을 발견하고, 미소 속에서 안도감을 느끼며, 눈물 속에서 공감을 나눈다. 때로는 분노와 혐오가 관계를 위협하지만, 그것은 사랑이 살아 있다는 증거이기도 하다. 사랑은 말로만 존재하지 않는다. 표정이라는 침묵의 언어 속에, 얼굴에 새겨진 미세한 움직임 속에, 우리의 가장 본질적인 감정이 고스란히 드러난다. 에크먼의 이론은 결국 이렇게 말한다.

"사랑은 숨길 수 없으며, 얼굴에 쓰여 있다."

2. 귀인이론
Attribution Theory
상대의 행동 뒤에서 이유를 찾는 우리의 해석 습관

버나드 와이너
Bernard Weiner(1935~)

　사람은 누구나 해석하는 존재이며, 타인의 행동을 보고, 그 의도를 추측하며, 그 속에서 의미를 찾으려 한다.

　"왜 저렇게 말했을까?", "왜 그런 행동을 했을까?"라는 질문은, 사실 '어떻게 받아들일 것인가'라는 더 근본적인 물음이다. 이때 심리학에서는 바로 이 해석과 판단의 기제를 '귀인(歸因, Attribution)'이라 부른다. 귀인이론은 타인의 행동에 대해 우리가 어떤 원인을 부여하는지를 설명하는 이론이며, 이는 단순한 인지 기제를 넘어서 삶의 태도, 관계의 방식, 사랑의 지속에까지 영향을 미친다.

사람은 원인을 찾아야 마음이 놓인다.

귀인이론은 1950~70년대 프리츠 하이더, 해럴드 켈리, 버나드 와이너 등 여러 심리학자에 의해 체계화되었다. 가장 기본적인 구분은 '내적 귀인'과 '외적 귀인'이다.

예를 들어 누군가가 약속에 늦었다면, 우리는 "그 사람이 원래 무책임해서"라고 생각할 수도 있고, "차가 막혀서 어쩔 수 없었겠지"라고 판단할 수도 있다. 전자는 행동의 원인을 그 사람의 성격이나 태도에서 찾는 내적 귀인이고, 후자는 상황이나 외부 요인에서 찾는 외적 귀인이다.

하이더에 따르면, 인간은 세상을 예측 가능하게 만들고자 행동의 원인을 파악하려는 욕구를 지닌다. 그러나 문제는 이 해석이 언제나 정확하지 않다는 데 있다. 우리는 종종 내적 귀인을 과도하게 하여 타인을 오해하거나, 자기합리화를 위해 외적 귀인에 의존하기도 한다. 이 귀인 편향은 대인 관계의 많은 갈등을 야기하는 원인이 된다.

사례에서 드러나는 귀인의 심리적 역학

한 여성이 남자친구에게 이별 통보를 받았다고 하자. 그녀가 "내가 너무 집착했나 봐"라고 생각한다면, 이는 내적 귀인이다.

반면 "요즘 그 사람 회사 일로 많이 지쳐 있었잖아"라고 생각한다면, 이는 외적 귀인이다.

이처럼 귀인의 방향은 자기 자신에 대한 태도, 상대방에 대한 이해, 그리고 관계에 대한 희망에 영향을 미친다.

버나드 와이너는 귀인을 세 가지 차원인 내적/외적, 안정/불안정, 통제가능/통제불가능으로 세분화했는데, 이를 통해 우리는 실패나 갈등에 어떻게 반응할지를 가늠할 수 있다. 누군가가 "나는 원래 사람들과 잘 못 어울려"라고 말한다면, 그는 인간관계의 어려움을 내적이고, 안정적이며, 통제 불가능한 것으로 여기는 셈이다. 반면 "오늘따라 기분이 별로라서 대화를 잘 못했어"라고 말한다면, 외적이고, 불안정하며, 통제 가능한 귀인을 한 것이다. 이처럼 자기 인식과 미래 기대는 귀인의 방식에 따라 극적으로 달라진다.

연인 관계에서 귀인이론은 어떻게 작동하는가?

연애 중인 사람들 사이에서도 귀인은 끊임없이 일어난다. 침묵, 지각, 문자 회신의 속도 같은 사소한 일들이 서로에 대한 해석의 재료가 된다. 가령, 남자친구가 이틀 동안 연락이 없다면 여자는 다음과 같은 판단을 할 수 있다.

- 그는 더 이상 날 좋아하지 않나 봐. (내적 귀인, 안정적, 통제 불가능)
- 요즘 바쁘다고 했는데 일이 많았나 보다. (외적 귀인, 불안정, 통제 가능)

두 해석은 동일한 사실에 대해 전혀 다른 감정을 유발한다. 전자는 불안과 분노, 후자는 이해와 기다림이다. 결국 문제는 '무엇이 실제 사실인가'가 아니라, '내가 어떻게 해석하느냐'에 달려 있다.

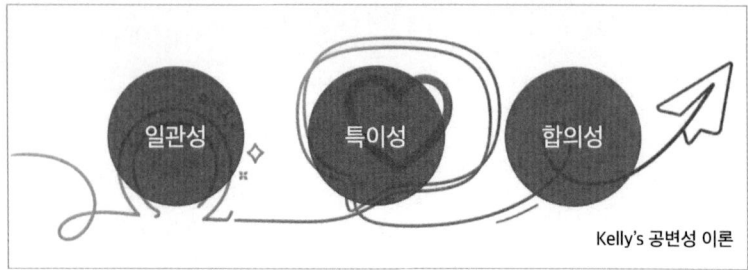

Kelly's 공변성 이론

켈리의 공변성 이론도 흥미롭다. 공변성의 핵심은 타인의 행동을 해석할 때 사람들은 세 가지 정보를 활용한다는 것이다.

- 첫째, 일관성 → 그는 항상 이런 행동을 하는가?
- 둘째, 특이성 → 이 행동은 나에게만 하는가?
- 셋째, 합의성 → 다른 사람들도 비슷한 행동을 했는가?

이 세 가지 질문은 '그 사람이 원래 그런 사람인지, 아니면 상황 때문인지를' 판단하게 한다.

문제는 우리는 이 정보를 충분히 알지 못한 채 단정적으로 해석하고, 그 단정이 관계를 망치곤 한다는 점이다.

귀인은 존재 해석의 방식이다

귀인이론은 단순한 심리학 이론이 아니다. 그것은 인간이 세계를, 타인을, 그리고 자기 자신을 해석하는 방식에 대한 철학적 질문과 맞닿아 있다. 사르트르는 인간을 "자신이 선택한 것으로 정의되는 존재"라 했고, 레비나스는 "타자의 얼굴은 윤리의 시작"이라 말했으며, 니체는 "운명을 사랑하라"고 말했다. 이 말들은 모두 해석의 윤리, 혹은 해석의 책임을 강조한다. 내가 누군가의 행동을 어떻게 해석하느냐는 단지 그 사람에 대한 판단이 아니라, 나의 삶의 태도를 드러내는 방식이다.

사랑이란 감정의 문제이기 이전에, 해석의 문제다

침묵을 외면으로 해석할 것인가? 고뇌로 해석할 것인가?

눈물을 연약함으로 해석할 것인가? 진심의 증거로 해석할 것인가?

귀인의 방향에 따라 사랑은 파국이 되기도 하고, 더 깊은 신뢰로 나아가기도 한다.

우리 인간은 해석하는 존재이며, 귀인은 사랑의 문법이다. 귀인이론은 우리가 일상에서 끊임없이 수행하는 '의미 부여의 기술'을 설명해 준다. 타인을 이해하고자 하는 노력, 그리고 나 자신을 되돌아보는 계기, 바로 그것이 귀인이론의 진정한 쓰임이다. 갈등을 줄이고, 관계를 지키며, 사랑을 지속하기 위해 필요한 것은 화려한 말이나 이벤트가 아니다. 상대의 말과 행동을 조금 다르게 해석해 보는 연습, 그리고 그 해석을 나누는 대화. 그것이야말로 성숙한 관계로 가는 문이다.

"즉, 사랑의 본질이 감정이 아니라 우리가 그것을 어떻게 받아들였는지에

있다."

3. 인지균형이론
Balance Theory
마음속의 불일치를 해소하려는 심리가 관계를 조정한다

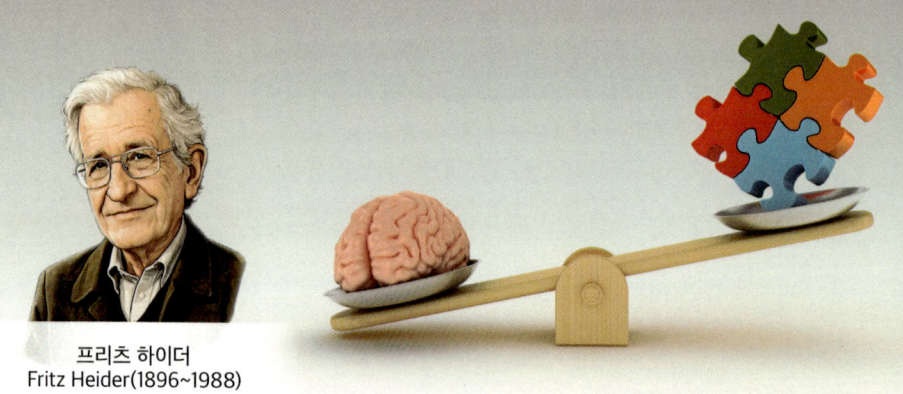

프리츠 하이더
Fritz Heider(1896~1988)

부드러운 균형이 깨질 때 마음이 흔들리는 방식

사랑은 종종 균형을 이루는 감정의 구조 위에서 흘러간다. 이 사람이 좋고, 이 관계가 편안하며, 서로를 향한 감정이 비슷한 속도로 움직이고 있다는 믿음. 그런 감각이 무너지면 마음속에서는 작지만 뚜렷한 흔들림이 생긴다.

상대에게 호감을 느끼면서도 그 사람이 나를 어떻게 생각하는지 알 수 없을 때, 행동과 말이 엇갈릴 때, 내가 믿어온 감정과 실제 장면이 충돌할 때 마음은 그 불일치를 오래 두지 못한다. 그래서 사랑은 언제나 균형을 찾으려는 조용한 움직임을 반복한다.

어떻게든 감정을 안정시키고, 이유를 찾아 해석을 정렬하고, 관계를 다시 편안한 축 위에 올려두려 한다.

인지균형이론이 말하는 '세 개의 관계'

심리학자 프리츠 하이더(Fritz Heider)는 사람이 P(나) - O(상대) - X(관심 대상) 이 세 가지 요소가 이루는 관계 속에서 균형을 찾으려는 경향이 있다고 보았다.

만약 내가 좋아하는 사람(O)이 나와 함께 좋아하는 대상(X)을 향해 긍정적이라면 마음은 자연스럽게 편안함을 느낀다. 반대로, 내가 좋아하는 사람(O)이 내가 소중히 생각하는 무언가(X)를 부정하거나, 내가 싫어하는 대상(X)을 좋아한다면 내 마음속 균형은 흔들린다.

이 균형이 깨진 지점에서 감정의 파도가 일고, 그 파도를 이론은 '균형 회복의 과정'이라고 설명한다.

사랑 속에서 균형이 무너지는 순간들

연애에서 인지적 균형은 더욱 민감하게 작동한다.

내가 소중히 여기는 가치, 관계의 방식, 삶의 속도, 지켜왔던 신념이나 작은 생활 습관들이 상대의 감정과 충돌하면 마음속에서는 설명하기 어려운 불안이 자란다. 상대의 말과 행동이 내가 알고 있던 사람의 모습과 맞지 않을 때도 그렇다. 평소 다정하던 사람이 갑자기 단호해지거나, 언제나 따뜻한 말투를 쓰던 사람이 어느 날은 유난히 날카롭게 다가오면 마음은 그 장면을 오랫동안 붙잡고 의미를 찾으려 한다. 이 불일치는 곧 균형점의 붕괴를 의미하며 사랑의 리듬은 바로 그 지점에서 크게 흔들린다.

서로를 향한 마음이 어긋날 때 나타나는 패턴

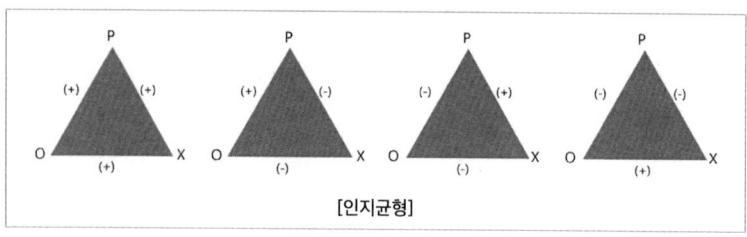

[인지균형]

사람들은 마음속 불일치를 견디지 못하기 때문에 각자의 방식으로 균형을 다시 맞추려 한다.

- 상대의 행동을 설명하기 위해 내 해석을 억지로라도 조정하다가 스스로 감정을 축소하거나 왜곡하는 경우
- 다르다는 사실이 두려워 나의 신념을 상대에게 맞추고 자신을 잃어버리는 방식으로 균형을 맞추는 경우
- 이해할 수 없는 행동을 맞추기 위해 상대의 의도를 과하게 해석하며 스스로 불안을 키우는 흐름
- 불일치가 고통스러워 관계의 온도를 낮추고 거리를 두며 스스로를 보호하려는 움직임

이 모든 과정은 사실 '불일치'를 견딜 수 없다는 마음의 구조에서 비롯된다.

갈등이 심화되는 순간: 감정의 퍼즐이 맞지 않을 때

인지균형이론이 가장 명확히 드러나는 장면은 갈등이다.

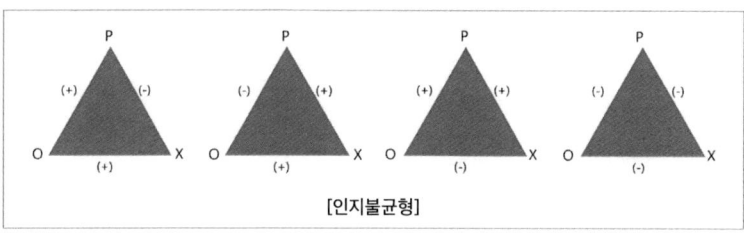

[인지불균형]

갈등의 본질은 종종 상대에게 실망한 것이 아니라 '내가 알고 있는 상대의 모습과 현실이 충돌하는 순간'에서 나온다. 상대가 나를 좋아한다고 믿었는데 그 믿음과 닮지 않은 행동을 보일 때, 관계가 안정적이라고 생각했는데 반대되는 신호가 나타날 때 마음은 균형을 잃고 격렬하게 반응한다. 이때 감정은 사실의 크기보다 '균형 붕괴'의 충격에 더 크게 흔들린다. 그래서 우리는 작은 장면도 크게 받아들이고 평소보다 훨씬 민감해진다.

균형을 되찾는 법: 감정의 기준을 다시 세우는 일

사랑에서 균형은 서로를 똑같이 바라보는 데서 오는 것이 아니라 다른 두 마음이 서로를 향해 조금씩 맞춰가는 과정에서 생긴다. 완벽한 합의나 동일함이 필요한 것이 아니다. 마음의 기울기만 서로 알고 있다면 충분히 균형은 회복된다. 그래서 관계에서 중요한 것은 상대를 내 기준에 강제로 맞추는 것이 아니라 다름의 이유를 이해하려는 노력이다.

- 상대의 행동을 성격으로 단정 짓기보다 오늘의 상황을 먼저 살피는 일
- 나의 가치와 감정도 소중하지만 상대의 리듬 역시 그만큼 중요하다는 사실을 인정하는 일
- 서로의 기대가 엇갈릴 때 무조건 맞추거나 무너지기보다 기준을 함께 다시 조정하려는 태도

이 작은 움직임들이 사랑의 균형을 다시 세우는 가장 조용하고도 확실한 방법이다.

"사랑의 안정은 언제나 마음의 균형을 조용히 다시 맞추려는 두 사람의 노력에서 비롯된다."

4. 피그말리온 효과
Pygmalion effect
믿음이 기대를 만들고, 기대가 사람을 실제로 변화시킨다

로버트 로젠탈
Robert Rosenthal(1933~2024)

신화에서 태어난 심리학의 거울

고대 그리스 신화 속 피그말리온은 차갑고 무심한 세상의 여성상을 거부하고, 자신의 이상을 담아 조각한 상에 사랑에 빠졌다. 끝내 여신 아프로디테의 은총으로 그 조각상이 생명을 얻어 인간이 되었고, 피그말리온은 자신의 '기대'가 현실로 실현되는 기적을 경험했다. 이 이야기는 단순한 로맨스를 넘어, 인간의 믿음과 기대가 현실을 변화시킬 수 있다는 은유를 담는다. 수천 년 후 심리학자 로버트 로젠탈과 레노어 제이콥슨은 교실 실험을 통해 이를 과학적으로 증명했다. 교사가 학생에게 긍정적인 잠재력이 있다고 믿고 대할 때, 그 학생은 실제로 더 뛰어난 성취를 이루어냈다. 이렇게 해서 '피그말리온 효과'라는 이름이 붙여졌다. 결국 신화와 과학은 같은 이야기를 말한다. 기대는 현실을 빚어낸다.

사랑이라는 관계 속에서 기대의 힘

연애 역시 기대의 장이다. 우리는 상대를 있는 그대로 보기보다는, 바라봄의 렌즈를 통해 본다. "그는 믿음직한 사람이다"라는 시선은 그를 실제로 더욱 믿음직하게 행동하게 만들고, "그녀는 늘 나를 실망시킬 거야"라는 낙인은 오히려 실망스러운 행동을 끌어낸다. 연애에서 기대는 일종의 자기실현적 예언이 되어, 관계의 궤적을 바꾸어 놓는다. 사랑은 단순히 감정의 교환이 아니라, 서로에 대한 기대와 믿음을 통해 끊임없이 새로운 정체성을 빚어내는 과정인 것이다. 상대를 향한 긍정의 언어는 그 자체로 따뜻한 조각칼이 되어 관계를 다듬고, 부정의 언어는 돌을 금 가게 하는 망치가 된다.

긍정적 피그말리온 효과 — 기대가 꽃을 피우는 순간

긍정적 기대는 사랑을 북돋우는 비옥한 토양이 된다. "당신은 나를 웃게 만드는 사람이야"라는 믿음은 상대가 더 웃음을 주려는 행동을 촉발시키고, "당신은 든든한 동반자야"라는 신뢰는 실제로 그를 책임감 있는 존재로 자라게 한다. 이 과정에서 기대는 단순한 칭찬이나 위로가 아니라, 상대의 정체성을 강화하는 심리적 자양분으로 작용한다. 사랑은 결국 두 사람이 서로에게 어떤 가능성을 본다고 믿느냐에 달려 있다. 누군가를 사랑한다는 것은, 그가 이미 가진 모습뿐 아니라 앞으로의 가능성까지 함께 사랑한다는 뜻이기도 하다. 피그말리온 효과는 이러한 믿음의 힘을 정교하게 보여준다.

부정적 피그말리온 효과 — 그림자가 드리우는 사랑

하지만 기대는 언제나 빛만을 비추지 않는다. 불신과 낮은 기대 역시 현실이 될 수 있다.

"넌 어차피 변하지 않을 거야"라는 체념은 상대가 변화하려는 의지를 꺾고, "넌 늘 나를 실망시켜"라는 낙인은 실제 실망스러운 행동을 불러온다. 이처럼 부정적 피그말리온 효과는 관계의 미래를 조용히 잠식하며, 결국은 이별이라는 결과로 이어지기도 한다. 중요한 것은 상대의 현재 모습보다, 내가 그를 어떤 존재로 믿고 바라보느냐다. 사랑의 토양에 심은 씨앗이 장미가 될지 잡초가 될지는, 결국 우리의 기대가 어떤 성질을 띠는가에 달려 있다.

현대 연애 문화와 기대 관리

디지털 시대의 연애는 특히 기대의 민감한 교환 위에 서 있다. 메시지의 속도, SNS의 반응, 데이트의 빈도가 곧 서로의 기대를 형성한다. 그러나 이러한 외적 지표보다 중요한 것은 연인의 내적 기대가 어떤 질감을 가지는가다. 서로를 긍정적으로 바라보고 믿을 때, 디지털적 신호가 다소 흔들려도 관계는 안정적으로 이어진다. 반대로 불신과 의심의 기대가 자리할 때는, 아무리 많은 '좋아요'와 화려한 이벤트가 있어도 관계는 쉽게 균열을 일으킨다. 현대 연애에서 피그말리온 효과는 단순히 학문적 개념을 넘어, 기대를 어떻게 관리하느냐가 사랑의 지속성을 좌우하는 중요한 원리로 작동한다.

기대는 사랑의 조각칼이다

피그말리온 효과는 우리에게 분명한 메시지를 준다. 사랑은 상대방을 바라보는 눈길 속에서 빚어지고, 그 눈길은 기대라는 이름으로 현실을 만들어낸다. 우리는 연인을 통해 기대를 투영하고, 그 기대는 결국 사랑이라는 초상을 그려낸다. 신화 속 피그말리온이 조각상에 생명을 불어넣었듯, 우리의 긍정적 믿음은 사랑을 살아 숨 쉬게 만든다. 따라서 사랑을 이어가고 싶다면, 의심과 낙인의 거친 망치보다 따뜻한 신뢰의 조각칼을 선택해야 한다. 사랑은 결국, 우리가 서로를 어떻게 기대하는가의 자화상이기 때문이다.

"사랑은 믿음의 방향으로 자라며, 기대는 결국 상대의 마음과 행동까지 조용히 바꾸어낸다."

5. 거울자아 이론
Looking-Glass Self Theory
나는 결국 당신의 시선 속에서 나를 다시 배우게 된다

찰스 쿨리
Charles Cooley(1864~1929)

타인의 시선 속에 비친 자아

찰스 쿨리는 인간이 자신을 이해하는 과정에서 '거울'을 비유로 사용했다. 우리가 스스로를 바라볼 때, 그 거울은 실제 거울이 아니라 타인의 시선 속에서 구성된다는 것이다. 이를 그는 '거울자아(looking-glass self)'라 불렀다. 사람은 자신의 외모나 행동, 말투를 직접적으로 보기보다는, 다른 이가 그것을 어떻게 평가할지를 상상하며 자신을 정의한다. 연애는 이 현상을 가장 선명하게 드러내는 무대다. 사랑에 빠진 순간, 우리는 연인의 눈에 비친 자신의 모습을 의식하기 시작한다. 상대가 나를 어떻게 바라보는지가 곧 나의 자존감이 되고, 내가 느끼는 자아상이 된다. 사랑은 결국 타인의 시선을 빌려 나를 재발견하는 경험인 셈이다.

첫인상, 사랑의 거울이 시작되는 순간

거울자아의 첫 단계는 '타인의 상상된 인식'이다. 즉, 상대방이 나를 어떻게 볼지를 상상하는 과정이다. 연애의 첫 만남에서 우리는 상대방의 눈빛, 반응, 말투를 통해 '내가 어떻게 보이고 있을까'를 끊임없이 추측한다. 어색한 미소를 지을 때, 괜히 손끝이 떨릴 때, 그 모든 작은 행동은 상대방이 나를 판단하는 기준이 될 수 있다는 불안과 기대를 동시에 불러일으킨다. 첫인상은 거울자아의 문을 여는 열쇠이자, 사랑이 움트는 씨앗이다. 그 순간부터 우리는 더 이상 나자신을 온전히 독립된 존재로 보지 않고, 상대의 눈이라는 거울에 반사된 나로서 살아가기 시작한다.

연인의 평가, 자아를 흔드는 파동

쿨리에 따르면 거울자아의 두 번째 단계는 '타인의 판단을 상상하는 것'이다. 연애 관계에서는 이 과정이 감정적으로 더욱 예민하게 작용한다. 연인이 내 말에 웃어주면 나는 매력적이고 유쾌한 사람으로 느껴지고, 무심한 반응을 보이면 곧바로 초라한 존재가 된 듯하다. 상대의 칭찬은 자아를 키우고, 무심함은 자아를 흔든다. 결국 연애란 단순히 두 사람의 만남이 아니라, 서로의 자아가 상대의 평가에 따라 끊임없이 조정되고 재구성되는 과정이다. 사랑은 감정만이 아니라, 자기정체성의 거대한 교환이다.

사랑 속 자아상, 희망과 상처의 이중주

거울자아의 마지막 단계는 '타인의 평가에 따른 자기감정 형성'이다. 즉, 우리가 상상한 상대의 판단이 긍정적이면 자존감과 행복을 느끼고, 부정적이면 수치심이나 불안을 느낀다. 연애는 이 감정의 파동이 극적으로 드러나는 장면이다. 연인의 인정과 애정은 나를 더 빛나게 만들지만, 그 인정이 사라지는 순간 나는 금세 왜곡된 자아상을 마주하게 된다. 상대방의 말 한마디, 표정 하나가 자존감을 끌어올리거나 무너뜨리는 것이다. 그래서 사랑은 기쁨과 상처가 공존하는 이중주이며, 연인은 거울이자 심판자가 된다.

관계의 거울, 나를 발견하는 또 다른 길

쿨리의 이론은 때로 사랑을 불안하게 만들지만, 동시에 자아 성찰의 기회를 제공한다. 연애는 나를 비추는 거울과 같다. 상대의 시선 속에 드러나는 내 모습은 때로 낯설고 불편하지만, 그것을 통해 나는 내가 누구인지 다시 묻고, 새로운 자아를 만들어간다. 사랑은 단순히 타인과의 결합이 아니라, 나 자신을 재발견하는 과정이다. '네가 나를 어떻게 바라보느냐'는 질문은 결국 '나는 누구인가'라는 더 근원적인 질문으로 이어진다. 사랑은 거울 앞에 선 인간을 더 정직하게 만든다.

사랑의 거울 앞에 선 우리

찰스 쿨리의 거울자아 이론은 연애심리를 이해하는 강력한 틀을 제공한다. 사랑은 두 개의 자아가 서로를 비추는 거울이 되어, 각자의 정체성을 형성하는 과정이다. 우리는 연인의 눈빛 속에서 자신을 확인하고, 그 거울에 비친 모습에 따라 기뻐하고 상처받으며 성장한다. 결국 사랑이란 타인의 시선을 빌려 나를 발견하는 여정이며, 그 여정 속에서 우리는 더 성숙한 자아로 거듭난다. 거울 속의 나는 혼자가 아니라, 타인과 함께 만들어가는 '우리의 나'이다. 연애의 본질은 바로 이 거울 속에서 드러난다.

"사랑은 타인의 눈에 비친 나를 통해, 나를 다시 만나는 길이다."

6. 애착이론
Attachment Theory
삶의 초기에 경험한 안정감이 성인의 사랑 방식에 스며든다

존 볼비
John Bowlby(1907~1990)

사랑은 우연처럼 다가오지만, 그 뿌리는 놀라울 만큼 오래된 기억에 닿아 있다.

애착이론(Attachment Theory)은 인간이 어떻게 타인과 정서적 유대를 형성하며, 그 유대가 인생 전반에 어떤 영향을 미치는지를 설명하는 심리학 이론이다. 이 이론은 영국의 정신분석가 존 볼비(John Bowlby)에 의해 제안되었으며, 특히 유아기 주 양육자와의 관계가 인간의 정서적 틀을 형성하는 데 결정적 역할을 한다고 본다.

첫사랑은 엄마였다 — 애착의 기원

볼비는 인간이 태어날 때부터 타인에게 접근하려는 본능을 지닌 존재라고 보았다.

특히 영아는 생존을 위해 양육자와 정서적으로 연결되려는 행동을 본능적으로 발현하며, 이 경험은 세상을 어떻게 인식하고 자신을 어떤 존재로 여기는지를 결정짓는다. 즉, 안정적이고 민감한 돌봄을 받은 아이는 세상을 안전한 곳으로, 자기 자신을 사랑받을 만한 존재로 받아들이게 된다. 이는 곧 자신감과 탐색 욕구, 그리고 타인과의 관계에서 신뢰를 기반으로 한 상호작용으로 이어진다.

애착의 네 가지 얼굴 — 성격이 아닌 패턴이다

이러한 개념은 볼비의 이론을 계승하고 발전시킨 심리학자 메리 에인스워스(Mary Ainsworth)의 '낯선 상황 실험(Strange Situation)'을 통해 경험적으로 검증되었다. 메리 에인스워스는 '낯선 상황 실험'을 통해 애착 유형을 네 가지로 구분했다.

- 첫째는 안정 애착으로, 이는 아이가 양육자와의 이별에 불안을 느끼되 재회 시 빠르게 안정을 찾는 유형이다.
- 둘째는 불안-회피형 애착으로, 부모의 관심이나 감정 표현에 일

관성이 부족할 때 생기며, 아이는 감정을 억누르고 거리 두기를 시도한다.

- 셋째는 불안-양가형 애착으로, 부모의 반응이 예측 불가능할 때 나타나며, 아이는 갈망과 분노를 동시에 표현한다.
- 마지막으로 혼란형 애착은 부모가 공포의 대상이 될 때 형성되며, 아이는 모순적이고 비조직적인 반응을 보인다.

애착은 단지 유아기의 정서적 안정을 넘어, 성인기의 연애 관계, 친구 관계, 직장 내 상호작용, 심지어 자기 개념(self-concept)에까지 영향을 미치게 된다. 예컨대 안정 애착을 형성한 사람은 성인이 되어도 타인과의 관계에서 신뢰를 기반으로 건강한 상호작용을 할 가능성이 높으며, 불안형이나 회피형 애착을 가진 사람은 친밀함을 두려워하거나 과도하게 의존하는 등 관계에서 어려움을 겪을 수 있다. 요약하자면, 애착이론은 인간이 누구와 어떻게 관계를 맺는지, 그리고 그 관계의 질이 삶의 전반에 어떤 영향을 미치는지를 설명해주는 이론으로, 유아기 양육 경험이 평생의 정서적 패턴을 형성한다는 점에서 인간 이해의 핵심 열쇠라 할 수 있다.

애착은 사랑이 된다 — 연애의 무의식적 패턴

성인이 된 우리는 연애라는 이름으로 다시 한번 애착 장면을 반복한다. 우리가 사랑에 빠질 때, 단지 상대의 외모나 말투에 이끌리는 것이 아니라, 무의식적으로 우리 내면에 익숙한 애착 패턴을 되살리는 경우가 많다. 안정 애착을 가진 사람은 연인과의 친밀한 관계 속에서도 자율성과 신뢰를 유지할 수 있으며, 감정의 균형을 잃지 않는다. 반면 불안-양가형 애착을 지닌 사람은 상대가 자신을 떠날까 두려워 과도하게 집착하거나 감정의 진폭이 크며, 사랑을 '확인받아야 하는 것'으로 여기게 된다. 그리고 회피형 애착을 가진 사람은 오히려 친밀한 관계 자체를 회피하거나 감정 표현을 억제하며, 혼자만의 세계에서 사랑을 관리하려고 한다. 이처럼 애착 유형은 우리가 사랑을 어떻게 기대하고, 어떻게 실망하며, 어떻게 견디는가를 규정짓는 심리적 패턴이 된다. 결국 우리는 사랑 안에서 각자의 애착 패턴을 재현하며, 익숙한 감정의 서사를 반복하게 된다.

그리움의 미로, 불안과 회피의 댄스

불안형과 회피형 애착을 가진 두 사람이 사랑에 빠질 때, 그 관계는 종종 비극적인 역설로 흘러간다. 불안형은 "내가 정말 사랑받고 있는가?"라는 질문을 품고 끊임없이 상대를 확인하려 하며, 회피형은 그 질문 자체를 회피하고 도망치려 한다. 이들은 서로를 그리워하면서도, 그리움의 방식이 다르기에 점점 멀어져 간다. 한 사람은 다가서고, 다른 사람은 물러나며, 그들은 사랑이라는 이름의 미로 속에서 서로를 잃어가게 된다. 이 댄스는 그 자체로 관계의 불안정성을 강화하며, 결국 "사랑이 문제인가, 내가 문제인가?"라는 자책으로 이어지곤 한다.

사랑은 재학습이다, 애착의 회복을 위하여

다행히도 애착은 고정된 운명이 아니다. 안정된 애착을 형성하지 못했던 사람도, 신뢰와 공감이 있는 연애 관계를 통해 새로운 애착 경험을 만들어갈 수 있다. 이때 사랑은 단지 감정의 교류가 아니라, 내면의 상처를 보듬고 다시 배우는 치유의 과정이 될 수 있다. 연인의 따뜻한 반응, 일관된 관심, 갈등 속에서도 떠나지 않는 존재감은 불안한 마음을 가라앉히고, 회피하던 마음을 다시 열게 한다. 사랑은 서로의 상처를 이해하려는 깊은 태도이며, 우리는 이를 통해 '사랑받을 만한 존재'라는 신념을 다시 얻을 수 있다. 결국, 성숙한 연애는 단지 감정의 열정이 아닌, 애착의 재구성과 성장의 기회가 될 수 있다는 것이다.

서로를 안아주는 방식, 그리고 사랑의 종착지

사랑은 "당신은 나에게 안전한 사람입니까?"라는 물음에 천천히, 그러나 확실하게 '예'라고 대답해주는 과정이라고 할 수 있다. 이는 말보다 태도와 일관성, 그리고 관계의 시간 속에서 증명된다.

결국 사랑은 서로의 애착 욕구를 이해하고, 그 방식의 차이를 포용하며, 나와 너 사이에 신뢰의 다리를 놓는 일일 것이다. 우리는 사랑을 통해 자신을 돌아보고, 타인을 이해하며, 그리하여 점차 삶의 깊이를 더해간다. 연애는 그저 로맨틱한 관계가 아니라, 인간 존재가 가진 '연결되고자 하는 본능'을 가장 아름답게 실현하는 장(場)인 것이다.

> "사람이 사랑을 배우는 방식은 어린 시절 품에 남은 온기가 성인이 되어 다시 드러나는 과정이다."

관계를 열어젖히는 대화의 심층 구조

사랑은 결국
'이해받고자 하는 욕망'에서
자란다

관계가 깊어진다는 것은 서로의 세계가 겹쳐지는 과정이다.

말과 침묵, 행동과 주저함, 기대와 실망은 모두 메시지의 형태로 흐르며 두 사람의 친밀도를 만들어낸다. 사회적 침투 이론이 말하듯, 우리는 마음의 가장 바깥층부터 시작해 천천히 중심으로 향한다.

작은 부탁을 수용하는 문간의 발 들이기 전략, 반복되는 행동을 통해 강화되는 보상 구조,

그리고 정교화 가능성 모델이 설명하는 '깊은 대화와 가벼운 대화의 차이'는 모두 친밀감의 깊이를 결정짓는 요소들이다.

대화는 단순한 정보 교환이 아니다.

그 속에는 이해받고 싶은 욕망, 오해를 피하고 싶은 마음,

그리고 가까워지고자 하는 미세한 흔들림이 복합적으로 배어 있다.

이 장은 관계가 확장되는 핵심적인 순간, 그리고 그 순간을 구성하는 심리적·소통적 작동을 해석한다.

1. 사회적 침투 이론
Social Penetration Theory

속마음의 층위가 하나씩 열릴 때 진짜 친밀감이 자란다

달마스 테일러
Dalmas Taylor(1933~1998)

어윈 올트먼
Irwin Altman(1930~)

이론의 서막 - 사랑은 심리의 층위를 누비는 여행이다

인간 관계는 가만히 들여다보면 양파와도 같다. 겉껍질을 벗기면 또 다른 층위가 나오고, 다시 더 얇고 투명한 막이 숨어 있다. 겹겹이 쌓인 그 심리적 구조는 쉽게 드러나지 않으며, 조심스럽게 접근해야만 그 깊이를 허락한다. 사회적 침투 이론(Social Penetration Theory)은 Altman과 Taylor가 1973년에 제안한 이론으로, 인간 사이의 관계 발전을 심리적 침투의 점진적 과정으로 설명한다. 즉, 서로에 대한 자기개방(self-disclosure)이 얼마나 깊고 진실한가에 따라 관계의 밀도가 결정된다는 것이다. 이 이론은 단순한 커뮤니케이션 모델을 넘어, 사랑의 본질을 사유하게 만든다. 사랑이란 마음을 여는 과정이자, 동시에 나를 누군가에게 드러내고 허락하는 일이다. 그리고 진정한 연애란 상대의 마음 깊숙한 곳에 침투하며, 나 역시 내면 깊은 곳까지 들여다보도록 허용하는 '감정의 교환'이다.

"사랑은 단순히 감정을 주는 것이 아니라, 존재를 공유하는 용기다."

첫인상의 표면 - 취향의 유희, 말투의 조율

연애는 언제나 가벼운 인사처럼 시작된다. 상대의 옷차림, 눈빛, 웃음소리, 말투 같은 외형적 요소들이 첫인상을 결정짓는다. 그 후에는 서로의 취향을 주고받는 유희가 펼쳐진다. 좋아하는 음식, 즐겨듣는 음악, 선호하는 여행지나 계절이 무엇인지 묻고 답하는 대화들이 자연스럽게 오간다. 이 시기를 사회적 침투 이론은 '관계의 폭은 넓으나 깊이는 얕은' 단계로 설명한다. 자기개방은 있으되, 아직 진실한 자아는 드러나지 않는다. 왜냐하면, 이 시점의 정보는 위험하지 않기 때문이다. 이름, 직업, 출신지, 좋아하는 브랜드… 이런 이야기들은 '내가 누구인지'보다는 '내가 어떤 사람으로 보이고 싶은지'를 드러낸다. 그러나 이 경쾌한 교감 속에도, 사랑은 서서히 방향을 잡아간다. 가볍게 시작된 대화들이 반복되면서, 우리는 상대의 '감정의 호흡'과 '언어의 습관'을 익히기 시작한다. 그 모든 것은 '침투의 예고편'에 해당한다.

"사랑은 대화의 리허설로 시작된다. 그리고 우리는 서로의 감정을 눈빛으로 조율한다."

감정의 피막 - 기억과 가치관의 진입

사랑이 어느 정도의 안정을 갖게 되면, 대화의 주제는 점점 과거로, 그리고 깊이로 향한다.

어린 시절의 경험, 가족과의 관계, 실패했던 연애, 인생의 전환점이 되었던 기억들… 이제 우리는 상대의 감정 지형을 조금씩 탐험하고, 동시에 나의 지도를 조심스럽게 건네기 시작한다. 사회적 침투 이론에서 이 구간은 중심층의 진입이다. 표면의 안전지대를 넘어, '자아'의 껍질이 드러나는 영역이다. 이때의 자기개방은 서로에 대한 신뢰의 양에 따라 결정된다. 서로가 동시에, 그리고 균형 있게 개방하지 않는다면, 관계는 불균형에 빠지게 된다. 많은 연인이 바로 이 지점에서 서로에 대한 감정의 무게를 측정한다. 한쪽은 이미 마음 깊숙한 곳을 내어주었지만, 상대는 아직 표면을 맴돌고 있다면 상처가 생긴다. 그래서 사회적 침투 이론은 단순히 '자기개방이 많을수록 좋다'고 말하지 않는다.

'시기'와 '균형'이 핵심이다.

"깊이 들어가려면, 먼저 마음의 문을 맞잡고 여는 의식이 필요하다."

핵심의 드러남 - 존재와 존재가 마주보는 순간

어느 날, 우리는 아무 말도 하지 않아도 통하는 순간을 마주한다. 상대의 표정만 봐도 감정을 읽을 수 있고, 하루의 피로를 가만히 손을 잡은 채 나눌 수 있게 된다. 이 단계는 말이 줄어드는 대신, 신호와 감정, 분위기와 눈빛이 더 많은 것을 전하는 시기다. 이것이 바로 핵심층(core layer)의 자기개방이다. 존재의 이유, 인생의 철학, 사랑에 대한 믿음, 두려움, 기대와 같은 내면 깊숙한 이야기들이 오간다. 이곳은 연인의 '정서적 결속(emotional bonding)'이 형성되는 지점이다. 더 이상 서로를 좋아하는 감정만으로 유지되는 관계가 아니라, 상대가 내 삶 속에서 어떤 의미를 지니는지, 그리고 내가 그 사람 안에서 어떤 위치에 있는지를 묻고 답하는 단계다. 그러나 동시에, 이 시점은 가장 위험한 단계이기도 하다. 왜냐하면 '모든 것을 드러낸' 상태에서 실망하거나 거절당하면, 그 상처는 더 깊고 오래가기 때문이다.

"사랑의 절정은, 내가 너 앞에서 숨지 않아도 된다는 확신이다."

사회적 침투의 후퇴 - 가까웠기에 더욱 멀어지는 거리

모든 관계가 이 아름다운 핵심층에 머무르는 것은 아니다. 어떤 관계는 너무 빠르게 도달한 후, 그 감정의 무게를 감당하지 못하고 후퇴한다. 또 어떤 관계는 시간이 흐르며 조금씩 균열을 보이고, 다시 얕은 대화로 회귀한다. 사회적 침투 이론은 이런 현상을 '철수(depenetration)' 혹은 '관계 해체 단계'라고 말한다. 한때는 진심을 나누던 사이였지만, 이제는 다시 서로의 겉모습만을 교환한다. 이 시기에는 감정의 깊이가 아닌, 의례적인 말들만이 오가며 관계는 천천히 마모되어 간다. 심지어 어떤 경우에는 '더 많이 알게 되었기 때문에' 후퇴하기도 한다. 상대의 가치관, 삶의 태도, 상처의 결까지 알고 난 뒤, 그것이 감당하기 어렵다는 판단이 들면 우리는 문을 닫는다. 그래서 진실한 관계는 항상 용기와 책임을 요구한다.

"사랑은 침투의 예술이지만, 이별은 퇴각의 예절이다."

디지털 시대의 사랑 - 침투의 속도와 균형

현대의 연애는 과거보다 더 빠르고, 더 넓고, 때로는 더 얕다. SNS와 메신저, 영상통화는 자기개방의 문을 활짝 열어젖혔고, 사람들은 며칠 만에 서로의 감정을 공유한다. 그러나 문제는 침투의 속도가 너무 빠를 때이다. 서로의 깊은 이야기를 나눈 지 얼마 되지 않아 정서적 피로가 밀려오고, 관계가 과열되다가 급속히 식어버리기도 한다. 또 다른 문제는 자기개방의 비대칭이다. 한쪽은 솔직하게 자기 이야기를 하지만, 상대는 사진 필터처럼 꾸며낸 자신만을 보여줄 때, 관계는 쉽게 오해와 불신으로 기울어진다. 이 시대의 사랑은 '침투의 기술'만큼이나 '경계의 감각'도 필요하다.

"자기개방은 진실의 선물이다. 하지만 그 선물은, 준비된 자에게만 열어야 한다."

사랑은 껍질을 벗기며, 나를 비추는 일이다

사랑은 단순히 관계의 지속이 아니다. 사랑은 내가 가진 수많은 껍질을 하나씩 벗기며, 너에게 나를 보여주는 일이다. 그리고 그 벗겨진 마음을 받아들이는 너의 손길에 감동하는 일이다. 사회적 침투 이론은 사랑이 어떻게 시작되고, 어떻게 깊어지며, 또 어떻게 끝나는지를 설명하지만, 그 이론의 이면에는 '사람이 얼마나 섬세한 존재인가'라는 본질적 질문이 숨어 있다.

사랑은 타인의 심리를 파고드는 행위가 아니라, 그 심연 앞에서 내가 먼저 상처 입을 각오를 하는 행위다. 그리고 그럼에도 불구하고, 우리는 매번 다시 사랑한다. 다시 껍질을 벗고, 다시 진심을 건네며,

다시 서로를 믿는다. 그것이 인간이고, 사랑이며, 관계의 예술이다.

"누군가를 사랑한다는 것은, 내 안의 깊이를 너와 함께 건너보겠다는 선
언이다."

2. 문간의 발 들이기
Foot-in-the-Door Effect
작은 부탁이 두 사람의 거리를 조금씩 좁히는 기술

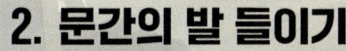

| 조나단 프리드먼
Jonathan L. Freedman
(1936~2012) | 스캇 프레이저
Scott C. Fraser
(1939~1988) |

　사랑은 언제나 찬란하게 시작되지는 않는다. 우리가 누군가에게 마음을 열게 되는 순간은, 거창한 고백보다 소소한 부탁과 일상의 작은 연결들로부터 비롯되곤 한다. 처음엔 우연처럼 시작된 커피 한 잔, 책 한 권의 추천, 혹은 "잠깐 시간 괜찮으세요?"라는 소소한 질문.

　이 모든 것이 사랑의 문을 여는 '발끝'이 될 수 있다. 사회심리학에서는 이러한 심리적 작용을 가리켜 'Foot in the Door(문간에 발들이기)' 기법이라 부른다.

　이 이론은 1966년, 심리학자 프리드먼(Freedman)과 프레이저

(Fraser)가 주도한 고전적 실험에서 탄생했다. 이들은 두 집단을 대상으로 실험을 설계했는데, 한 집단에는 처음에 단순한 요청(예: "운전 조심하라는 작은 스티커를 창문에 붙여달라")을 한 뒤, 며칠 뒤에 더 큰 요청(예: "마당에 거대한 교통안전 표지판을 세워달라")을 제안했다. 또 다른 집단은 처음부터 바로 큰 요청만 받았다. 결과는 매우 명확했다. 처음에 작은 부탁을 수락했던 사람들은, 나중의 큰 요청도 훨씬 더 수락하는 경향을 보였다. 이 실험은 단순한 사회현상이 아닌, 인간 심리의 핵심 메커니즘을 밝혀낸 결정적 순간으로 기록된다. 그렇다면 왜 사람들은 처음에는 어렵게 느껴졌을 큰 부탁을, 작은 부탁을 먼저 수락한 뒤에는 더 쉽게 받아들이게 되는 것일까?

그 배경에는 두 가지 중요한 심리학 이론이 존재한다.

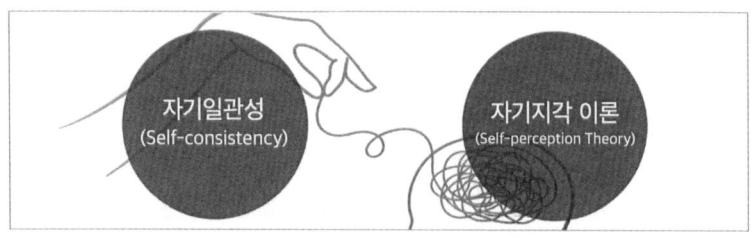

하나는 자기 일관성(Self-consistency) 이론이다. 사람들은 '나는 일관적인 사람이다'라는 자아 개념을 유지하려는 심리적 경향이 있다. 작은 부탁을 수락한 뒤, 유사한 더 큰 부탁을 거절하면 심리적으로 모순을 느끼게 되므로, 자신의 행동을 정당화하기 위해 두 번째 요청도 수락하는 방향으로 선택을 하게 된다. 다른 하나는 자기지각 이론(Self-perception Theory)이다.

이는 사람이 자신의 내면 상태를 파악할 때 자신의 행동을 단서로 해석한다는 이론이다. 작은 부탁을 수락한 자신을 바라보며, 무의식적으로 "나는 이 사람에게 호의적인 사람인가 보다", "나는 이런 이슈에 관심 있는 사람이구나"라고 스스로를 규정하게 된다. 그렇게 형성된 자아 이미지가, 이후 행동에 영향을 미친다.

이처럼 인간은 자신의 선택을 통해 스스로를 정의하고, 그렇게 정의된 자아상에 부합하려는 존재다.

그리고 이 모든 작용은 때때로, 아무 말 없이 한 잔의 커피 위에서 일어난다.

연애에서의 적용: 사랑도 결국 설득이다

자, 이 강력한 사회심리학 이론을 남녀 간의 연애 상황에 대입해 보자. 처음부터 "나랑 사귀자"고 이야기하는 건 거절 가능성이 높은 큰 요청이다. 관계가 충분히 쌓이지 않은 상태에서의 고백은, 오히려 '부담'이나 '불편함'을 유발할 수 있다. 하지만 상대에게 "잠깐 산책 같이 할래요?", "좋아하신다고 한 책, 제가 우연히 봤는데요", "점심시간에 잠깐 커피 마시러 가실래요?" 같은 작고, 가볍고, 즉각적 부담이 없는 요청을 한다면 상황은 달라진다. 상대방이 이 요청을 수락하면, 그것은 단지 행동의 수용이 아니라 '당신과 관계 맺는 자신'을 인식하게 되는 계기가 된다. 이후 "전시회 같이 보러 가실래요?", "주말에 여기 가보고 싶었는데 같이 가실래요?" 같은 점점 깊어지는 관계 요청도 더 자연스럽게 받아들여진다. 이것이 바로 Foot in the Door 기법의 핵심이다. 관계를 '급히 밀어붙이는' 것이 아니라, 심리적 문을 부드럽게 여는 것.

이러한 이론은 단순한 실험실 안의 개념에 머물지 않는다.

우리가 일상 속에서 누구에게 끌릴 때, 그리고 그 감정을 관계로 발전시키고자 할 때, 놀랍도록 자연스럽게 적용되고 있다. 예컨대, 온라인 소개팅 앱을 통해 처음 연락을 주고받던 상대가 있었다고 해 보자. 처음부터 "만나보고 싶어요"라고 단도직입적으로 접근하는 것 보다, "프로필에 고양이 좋아하신다고 써 있으시던데, 지금도 키우세요?"라는 소소한 질문을 던지는 것이 훨씬 부드럽게 다가간다.

대화가 이어지고 관심사가 공유된 후에 "그 고양이 사진 이야기하면서, 혹시 커피 한 잔 하실래요?"라는 제안은, 이미 심리적 거리감이 좁혀진 상황에서 더욱 자연스럽고 수용 가능성이 높다.

또한 직장 내에서 호감을 느끼는 동료가 있을 때도 비슷한 심리 작용이 발동한다.

갑작스레 사적인 만남을 요청하기보다는, "오늘 회의자료 정리 좀 도와주실 수 있을까요?"와 같이 업무적인 작고 정당한 요청을 먼저 건네는 것이 좋다. 이때 상대가 도움을 주고 나면, 무의식적으로 '나는 이 사람에게 호의적이다'는 인식을 하게 된다. 이후 "오늘 발표도 끝났는데, 시원하게 맥주 한 잔 하실래요?"라는 제안은 앞선 협력의 연장선으로 받아들여지며, 부담감 없이 관계의 폭이 넓어질 수 있다.

또 하나의 사례는 이미 오랜 시간 친구로 지내온 관계에서 연인으로 발전하고자 할 때다.

익숙함은 때때로 감정을 고백하는 데 가장 큰 장애물이 된다. 이 럴 땐 "요즘 영화 혼자 보기 그래서 그런데, 이번에 개봉한 거 같이 봐줄래?"와 같은 가벼운 동행 요청이 적절하다. 그렇게 시간을 함께 보내고 난 후 자연스러운 대화 속에서 "사실 요즘 너랑 있으면 너무 편하고 좋더라. 이런 감정, 너도 느껴본 적 있어?"라고 감정을 드러내 는 것이 상대에게도 진심으로 다가갈 수 있는 길이 된다.

친구에서 연인으로 넘어가는 그 섬세한 경계선도, 결국 작은 발끝 에서부터 시작된다.

이처럼, 사랑의 첫걸음은 언제나 거창하지 않다. 우리의 마음이 전해지는 길은 종종 아주 작고 조용한 요청에서 시작된다. 작은 부 탁은 마음의 문을 노크하는 행동이다. 문을 억지로 열기보다는, 발 끝으로 살며시 기대어보는 것. 그것이 연애에서 가장 인간적인 설득 이며, 동시에 가장 따뜻한 관계의 시작이다.

작은 발끝으로 시작되는 사랑의 행진

Foot in the Door 기법은 마치 정원의 씨앗과 같다. 처음에는 눈 에 보이지 않을 만큼 작고 미약하다. 하지만 그 씨앗이 뿌리를 내리 기 시작하면, 땅속 깊은 곳에서부터 생명이 움튼다. 처음 건넨 말 한 마디, 미소 한 번, 사소한 부탁 하나가 결국 마음을 변화시키고 감정 을 흔들며, 마침내 관계라는 정원을 피워내는 것이다. 사랑은 대개 누군가가 강하게 당겨서 생기기보다는, 서로가 한 발 한 발 맞춰가며 다가갈 때 피어난다. 그 처음의 발걸음을 만드는 것이 바로 이 작은 요청, 작은 동의다.

진정성과 타이밍의 균형

그러나 이 기법을 조작의 도구로 오해해서는 안 된다. 작은 부탁을 수락하게 만들고 그걸 이용해 강한 요구를 밀어붙이는 순간, 상대는 오히려 불편함과 반발심을 느낀다. 중요한 것은 그 작은 요청 속에 진심이 담겨 있어야 한다는 점이다. 타이밍도 중요하다. 관계의 밀도가 낮은 시점에 큰 요구를 하면 거절은 오히려 멀어짐으로 이어질 수 있다.

이 기법은 '설득'이 아닌 '관계 형성'의 기술이다. 상대의 마음을 얻는 것이지, 이기는 것이 아니다.

그 사람의 입장, 감정, 시간의 흐름을 존중할 때, Foot in the Door는 가장 따뜻한 방식으로 사랑의 문을 연다.

오늘, 작은 부탁 하나를 해보자

당신이 지금 누군가에게 마음을 품고 있다면, 용기를 내어 아주 작은 부탁 하나를 건네보라.

커피 한 잔, 책 추천, 날씨 얘기, 작은 것이어도 좋다. 그 부탁이 받아들여지는 순간, 당신은 이미 그 사람의 마음에 '작은 발자국'을 남긴 것이다. 그리고 그 발자국이 어느새 길이 되어, 두 사람의 관계를 이어주는 다리가 되어줄지도 모른다.

사랑은, 늘 그렇게 시작된다.

"작은 수락이 쌓이면 마음의 문도 조금씩 열리고, 그 틈으로 관계가 자연
스럽게 스며든다."

3. 대칭이론
ABX Model
호감은 균형을 향해 흐르고 불균형은 불안을 만들어낸다

시어도어 뉴콤
Theodore Newcomb(1903~1984)

연애는 흔히 운명이나 화학작용 같은 말로 포장되곤 하지만, 실상 그것은 감정과 인식, 태도가 서로를 향해 정렬되어가는 섬세한 과정이다. 즉, 연애를 한다는 것은 단순히 누군가를 좋아하는 감정을 넘어서, 서로를 이해하고 관계를 조율하는 정서적 협상 과정이라 할 수 있다. 우리가 누군가에게 끌리고, 가까워지고, 때로는 멀어지는 그 복잡한 마음의 흐름을 과연 설명할 수 있을까? 심리학은 이 질문에 수많은 답을 내놓아 왔다. 그중 우리가 주목할 수 있는 이론은 시어도어 뉴콤(Theodore Newcomb)이 제시한 대칭이론(Symmetry Theory)이다. 특히 남녀 간의 연애와 관계, 그 내면의 심리를 이해하는 데 있어 이 이론은 탁월한 통찰을 제공해주며, 한편으론 하이더

(Fritz Heider)의 '균형이론(Balance Theory)'은 대칭이론과 얼핏 유사해 보이지만, 균형이론은 개인의 인지 구조 안에서의 내적 일관성에 관심을 갖는 반면, 대칭이론은 둘 이상의 사람이 상호작용하는 사회적 관계 속에서의 유사성과 관계 유지에 초점을 맞추고 있는 차이가 있다. 즉, 균형이론은 커뮤니케이션 요소가 암시적(implicit)이고 개인의 인지 구조 중심이라면, 대칭이론은 커뮤니케이션이 명시적(explicit)이고 정보 교환과 상호작용이 중심 요소인 것이다.

나의 감정인가, 우리의 태도인가, 시작점부터 다른 두 이론

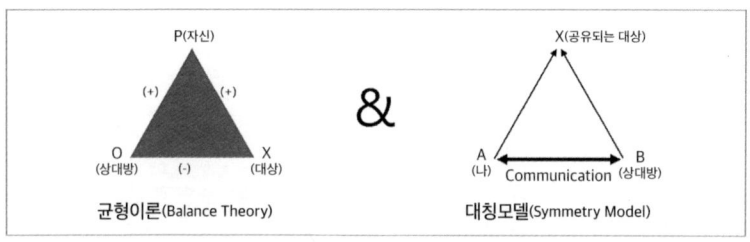

하이더의 균형이론은 인간이 '내 마음속의 정서적 구조'를 일관되게 유지하려 한다는 전제에서 출발한다. 예를 들어, 내가 좋아하는 사람이 좋아하는 책을 나도 좋아하면 심리적 균형이 형성된다. 반대로 내가 좋아하는 사람이 싫어하는 대상을 나도 좋아하고 있을 경우, 마음속 불균형이 발생하여 감정적 불편함이 생긴다고 본다. 이 불편함은 '균형을 회복하려는 심리적 압력'을 유도하게 된다는 것이다. 반면 뉴콤의 대칭이론은 한 걸음 더 나아가 관계의 역동성, 특히 커뮤니케이션을 핵심 변수로 설정한다. 그는 인간관계를 A(나), B(상대방), X(공유되는 대상)라는 구조로 설명하며, A와 B가 서로를 선호하는 정도와, X에 대해 유사한 태도를 보일 때 관계가 '대칭'이라는 상태로 유지된다고 본다. 여기서 중요한 점은, 대칭이론이 단순히 나 혼자서 정서의 일관성을 추구하는 것이 아니라, 상호작용을 통해 관계의 조화를 이끌어낸다는 데 있다. 즉, 균형이론은 '내 마음속 균형'이라면, 대칭이론은 '우리 사이의 정렬'을 강조한다. 특히 대칭이론에서 가장 강력한 통찰은, 관계란 곧 커뮤니케이션이다라는 명제이다. 단순히 공감하는 것이 아니라, 의미를 주고받으며 감정과 가치의 조화를 이루는 것. 연애가 깊어질수록 우리는 단순한 감정의 일치를 넘어, 삶의 방향성, 미래의 비전, 사회적 태도 같은 더 본질적인 X를 공유하고자 한다. 이때 커뮤니케이션은 선택의 문제가 아니라, 관계 유지를 위한 필수적인 장치가 된다. 관계의 대칭은 고정된 것이 아니며, 매 순간의 대화 속에서 재조정되고, 재해석되며, 때로는 해체되기도 한다.

공감의 조건, 사랑은 얼마나 같아야 유지되는가?

두 사람이 가까워질 때 가장 자주 목격되는 장면은, "나도 그 영화 좋아해", "그 작가 책 나도 읽었어" 같은 공감의 순간이다. 하이더식으로 말하자면, 내가 좋아하는 대상(X)에 대해 상대방(O)도 긍정적인 감정을 보이면, 나(P)는 O와 더 깊은 관계를 유지하고자 한다. 균형이론은 이처럼 개인의 내면에서 작동하는 정서적 수지 맞춤의 공식이라 할 수 있다. 그러나 연애의 현실은 이보다 훨씬 복잡하다. 상대방이 처음에는 낯선 음악을 듣고, 내가 선호하지 않는 정치적 입장을 가지고 있다 하더라도, 우리는 그 사람에게 끌릴 수 있다. 이때 뉴콤의 대칭이론은 말한다. 중요한 것은 '현재의 일치'가 아니라, 공통의 X를 중심으로 점차 정렬되어가는 커뮤니케이션의 과정이라는 것이다.

다시 말해, 우리가 공유하고자 하는 가치나 관심사가 서로 유사해질 때, 감정적 친밀감은 증폭된다.

이 이론은 초기의 차이조차도 관계 속에서 조율될 수 있음을 전제로 한다. 결국, 균형이론은 "같은 걸 좋아해야 좋아진다"는 전제에 가깝고, 대칭이론은 "같아지려는 과정에서 사랑이 생긴다"는 이야기를 건넨다.

차이를 견디는 힘, 불균형의 순간, 우리는 무엇을 선택하는가?

연애 중 가장 흔한 갈등 중 하나는 서로 다른 의견이나 취향에서 발생한다. 예를 들어 나는 고요한 자연을 좋아하지만, 상대는 도시의 불빛과 소음을 즐긴다고 하자. 균형이론의 관점에서 보면, 이런 불일치는 관계에 부정적인 영향을 미칠 수 있다. 내 마음속 정서적 구조가 흔들리기 때문이다. 해결을 위해서는 내가 그 선호를 포기하거나, 상대를 덜 좋아하게 되는 식의 '정서적 재조정'이 필요하다. 뉴콤의 대칭이론은 이보다 훨씬 적극적인 해결을 제시한다. 그는 사람들이 불균형 상태에 놓일 경우 세 가지 방식으로 반응한다고 보았다.

- 첫째는 X에 대한 태도를 바꾸는 것이다. 즉, 상대가 좋아하는 걸 나도 좋아해 보려는 노력을 시작한다.

- 둘째는 상대에 대한 감정을 바꾸는 방식이다. 때로는 이해할 수 없는 차이가 관계를 멀어지게 하기도 한다.
- 마지막은 상호작용의 주제, 즉 X 자체를 바꾸는 방식이다. 새로운 공통점을 찾아 대화를 전환함으로써, 관계의 대칭을 다시 구성하는 것이다.

이 세 가지 방식 모두는 중요한 전제를 공유한다. 관계는 고정된 감정이 아니라, 조율 가능한 구조라는 점이다. 뉴콤은 관계가 지속되기 위해 필요한 것은 '처음부터의 닮음'이 아니라, 닮아가려는 상호작용의 의지라고 말한다.

관계는 이야기이며, 이야기의 매개는 커뮤니케이션이다

하이더의 균형이론이 심리학적으로 정제된 구조라면, 뉴콤의 대칭이론은 현실적인 감정의 흐름에 훨씬 가깝다. 특히 뉴콤은 '커뮤니케이션'을 이론의 중심에 두었다는 점에서 관계라는 실천적 관계를 설명하는 데 큰 강점을 가진다. 연애 관계는 감정을 주고받는 일만이 아니라, 의미를 나누고 해석하는 일이며, 공유된 가치를 다듬어가는 작업이다. 실제로 관계가 오래 지속될수록 연인은 감정적인 문제보다도 생활 양식, 가치관, 사회적 입장 등의 더 깊은 층위에서 공통의 X를 정립하려고 한다. 이때 커뮤니케이션은 선택이 아니라 관계를 유지하기 위한 필수적인 장치가 된다. 말하고, 듣고, 공감하고, 때로는 논쟁하면서 우리는 서로를 향해 나아간다. 이 모든 행위가 결국은 관계의 '대칭'을 유지하려는 정서적 구조화의 과정이라면, 연애는 단순한 감정이 아니라 '지속적인 관계의 설계'라고 할 수 있다.

사랑, 닮아가는 모든 것의 이름

연애는 결국 닮아가려는 마음이다.

균형이론이 "나는 일관된 감정을 유지하고 싶다"는 개인의 심리적 요구를 다룬다면, 대칭이론은 "우리는 함께 무엇을 공유할 수 있을까"라는 관계의 가능성을 탐색한다. 후자의 시선이야말로, 현대의 연애 관계와 커뮤니케이션 중심의 관계 문화 속에서 더 큰 설득력을 가진다. 사랑이라는 인간의 관계와 심리는 단순한 감정의 일치가 아니라, 계속해서 조율되고 재해석되는 감정의 구조물이다. 뉴콤의 대칭이론은 우리가 왜 끌리고, 이해하고, 때로는 용서하며 관계를 지속하는지를 설명해준다. 그리고 어쩌면 사랑은 완벽한 대칭을 추구하는 것이 아니라, 불균형 속에서도 대칭을 회복하고자 하는 노력 그 자체인지도 모른다.

"사랑의 균형은 감정의 크기가 아니라, 서로를 향한 기울기의 정도에서 결정된다."

4. 행동주의
Behaviorism
반복되는 보상과 강화가 친밀함의 습관을 길러낸다

파블로프
Ivan Petrovich Pavlov
(1849~1936)

스키너
Fredrick Skinner
(1904~1990)

마음이 어떤 리듬을 기억하는 방식

사랑을 오래 바라보고 있으면, 감정이 어느 순간부터 '예측 가능한 흐름'을 갖는다는 사실을 문득 깨닫게 된다. 어떤 말은 언제나 기분을 부드럽게 풀어주고, 어떤 행동은 이유 없이 마음을 움츠러들게 만든다. 이 감정의 변화는 단숨에 생겨난 것이 아니라 수많은 순간의 반복 끝에 천천히 자리 잡은 흔적들이다. 그 사람의 다정한 말투가 안정감을 주는 이유는 그 말이 처음부터 대단한 의미를 가졌기 때문이 아니라, 한 번, 두 번, 세 번… 여러 번 반복되면서 마음속에 '이 사람은 이런 온도로 나를 대하는 사람'이라는 고유한 감정의 리듬을 만들어주었기 때문이다.

반대로 작은 실망도 반복되면 처음에는 금세 지나갔던 일들이 나중에는 마음을 더 크게 흔들고, 가끔 보이던 무심함은 어느 순간 '원래 이런 사람인가'라는 감정적 결론으로 굳어지기도 한다.

사랑의 감정은 이렇게 단순한 경험의 누적 속에서 습관처럼 다져지고 확장된다.

심리학은 이 흐름을 오래전부터 알고 있었다

행동주의 심리학은 마음의 깊은 속을 들여다보는 대신, 사람이 실제로 보이는 행동과 그 행동 뒤에 따라오는 감정적 결과를 주목했다. 존 왓슨은 인간의 행동이 자극과 반응의 연결로 구성된다고 보았고, 스키너는 여기에 '강화'라는 개념을 더해 반복되는 보상이 행동을 더 단단하게 만든다고 설명했다. 말하자면, 사람은 어떤 행동 뒤에 기분 좋은 감정이 찾아오면 그 행동을 계속하고, 불편하거나 차가운 감정이 따라오면 그 행동을 조금씩 멀리하게 된다.

이 단순한 원리가 쌓이면 관계는 자연스럽게 특정한 방향으로 기울고, 그 기울기가 반복되면 결국 하나의 고유한 '패턴'이 된다. 그리고 그 패턴이 바로 우리가 사랑에서 느끼는 익숙함과 설렘, 혹은 불안과 서운함의 근원이다.

사랑은 결국 반복의 언어로 말한다

누군가를 좋아하게 되면, 그 사람이 보여주는 작은 행동들이 하루의 감정 전체를 흔드는 일이 많아진다. 따뜻한 말투가 이어지면 그

말 자체가 하나의 보상이 되고, 그 보상은 자연스럽게 마음을 열게한다. 반대로, 연락이 조금씩 늦어지는 패턴이 누적되면 이제는 그지연 그 자체가 마음에 그림자를 남긴다. 처음에는 바쁜 하루 때문일 거라며 스스로를 달래지만 몇 번 같은 장면이 반복되면 마음은이미 그 행동을 '기대치'처럼 받아들이기 시작한다.

사람은 상대의 성격을 관찰해 사랑을 확인하는 듯 보이지만, 사실은 '그동안 이 사람이 나에게 어떤 감정을 반복시켰는가'를 더 정확하게 기억한다. 사랑은 언제나 반복되는 장면 위에서 서서히 표정을갖춰간다.

누적된 감정이 관계의 모양을 바꾸는 순간들

갈등의 순간 또한 이 반복의 힘에서 비롯된다. 사과가 늘 같은 방식으로 이어진다면 그 패턴은 관계를 회복시키는 고유한 리듬이 되고, 두 사람은 갈등을 두려움보다 '결국에는 서로에게 돌아갈 것'이라는 감각으로 기억한다.

그러나 설명 없는 침묵이나 끝나지 않는 오해가 반복되는 순간,마음의 패턴은 완전히 다른 방향으로 굳는다. 작은 서운함이 쌓이면 예전에는 대수롭지 않던 말투나 행동도 이제는 훨씬 큰 의미를갖고 다가온다. 사랑이 지쳐가는 이유는 특별한 배신이나 큰 사건이아니라 '조용히 반복된 감정의 방향' 때문이다. 그 방향이 어느 날 문득 견딜 수 없게 느껴질 때 사람은 관계의 온도가 달라졌음을 알아차린다.

사랑을 지키는 힘은 언제나 작은 반복에 있다

행동주의가 우리에게 알려주는 가장 중요한 메시지는 관계를 지키는 힘이 거창한 이벤트가 아니라는 사실이다. 반짝이는 표현보다 꾸준히 이어진 다정함이 더 신뢰를 남기고, 가끔의 선물보다 피곤한 날에도 잊지 않고 건네는 짧은 안부가 마음의 밑바닥을 단단히 잡아준다.

사랑의 건강함은 문제를 피하는 데서 오지 않는다. 오히려 매번 서로를 이해하려는 태도가 반복될 때, 어떤 불안도 견딜 수 있는 리듬이 만들어진다. 좋았던 감정이 습관처럼 반복되면 그 습관은 결국 관계의 기둥이 된다.

"사랑은 큰 사건이 아니라, 마음을 흔들어온 작은 감정들이 반복되며 만들어낸 고유한 리듬 위에서 완성된다."

5. 자기효능감
Self-Efficacy
'내가 할 수 있다'는 믿음이 관계의 추진력을 만든다

알버트 반두라
Albert Bandura(1925~2021)

　어느 봄날, 한 남자가 벚꽃이 흐드러진 거리에서 고백을 준비한다. 손엔 작은 꽃다발, 마음엔 조심스러운 설렘이 가득하다. 그러나 그 고백은 끝내 입 밖으로 나오지 못한 채, 바람에 흩날린다.

　"혹시 내가 상처받으면 어쩌지?", "그 사람이 날 좋아하지 않으면?" … 이 수많은 질문의 끝에는 단 하나의 대답이 있다. 나는 내가 이 사랑을 감당할 수 없다고 믿는다. 이것이 바로 연애 속에서의 '자기효능감'의 문제다. 자기효능감이란 무엇인가? '자기효능감(Self-Efficacy)'은 인간이 자신의 행동에 대해 가지는 내적인 믿음의 문제다. 이는 단순한 자신감이나 낙관성과는 다르다. 심리학자 앨버트 반두라(Albert Bandura)는 인간이 환경의 수동적 수용자가 아니라,

행동을 선택하고 변화시키는 능동적 주체임을 강조하며 이 개념을 정립했다. 자기효능감이란 특정한 과제를 성공적으로 수행할 수 있다는 자신의 능력에 대한 믿음이며, 이 믿음이 인간의 동기, 감정, 행동, 심지어 정체성에까지 깊은 영향을 준다고 보았다. 학업이나 직무 수행에서뿐 아니라, 대인관계, 자아 정체성, 그리고 무엇보다 '사랑'의 영역에서도 자기효능감은 보이지 않는 실핏줄처럼 관계의 모든 부분을 흐르고 있다.

자기효능감은 네 가지 주요 경험을 통해 형성된다.

- 첫째, 직접적인 성공 경험은 가장 강력한 기반이 되며, 이는 반복과 성취를 통해 '나는 할 수 있다'는 신념을 강화한다.
- 둘째, 대리 경험은 자신과 유사한 타인의 성공을 보며 유추되는 간접적 효능감이다.
- 셋째, 사회적 설득, 즉 주변의 격려나 지지, 신뢰받는 이의 긍정적 피드백은 자신에 대한 기대를 일으킨다.
- 넷째, 정서적·신체적 상태는 심리적 안정감 또는 불안을 통해 과제에 대한 자기평가에 영향을 미친다.

반두라는 이 개념을 통해 인간의 행동은 외적 보상이나 처벌만이 아니라, 내면의 인지적 해석과 자기 신념에 따라 결정된다고 주장했다. 자기효능감이 높은 사람은 도전적 과제를 회피하지 않고, 실패를 일시적 좌절로 받아들이며, 꾸준한 시도를 지속한다. 이는 교육 현장에서 학생의 학습동기를 높이고, 조직에서는 구성원의 몰입을 이끌며, 예술과 창의의 영역에서도 창작을 지속하는 원동력이 된다. 결국 자기효능감은 인간이 가능성과 한계 사이에서 스스로를 선택하고, 스스로를 창조해 나가는 존재임을 보여주는 정신적 연료이자 실천의 촉매라 할 수 있다.

연애의 시작, '나는 사랑받을 만한 사람인가'

연애는 자기효능감의 시험장이다. 누군가를 사랑하게 되었을 때, 우리는 질문한다. "내가 이 사람과 잘 지낼 수 있을까?", "내가 사랑받을 수 있는 사람일까?" 이 질문의 이면에는 자존감뿐 아니라, 관계를 지속하고 성장시킬 수 있다는 내면의 신념, 즉 자기효능감이 놓여 있다. 자기효능감이 낮은 사람은 사랑 앞에서 자주 회피하거나 과도하게 의존한다. 거절의 가능성이 너무 두려워 시작조차 하지 않거나, 상대의 작은 변화에도 불안해하며 관계를 통제하려 한다. 반대로 자기효능감이 높은 사람은 거절을 자기 존재의 부정이 아니라 경험의 일부로 받아들인다. 그들은 사랑이 실패할 수도 있지만, 자신은 여전히 사랑할 수 있는 사람이며, 다시 사랑할 준비가 되어 있다고 믿는다.

사랑의 대화, 자기효능감의 언어

연애는 끊임없는 소통의 연속이다. 하지만 갈등이 생겼을 때, 어떤 사람은 침묵으로 도망치고, 어떤 사람은 감정의 폭발로 상대를 몰아붙인다. 이때 자기효능감이 높은 사람은 관계를 '해결 가능한 것'으로 인식한다. 그들은 "우리가 이 문제를 함께 해결할 수 있다"고 믿는다. 이는 마치 두 연인이 안개 낀 숲을 함께 걷는 것과 같다. 자기효능감이 높은 연인은 안개 속에서도 손을 놓지 않고, 방향을 찾기 위해 대화를 시도한다. 반면, 자기효능감이 낮은 연인은 먼저 손을 놓고 스스로 길을 잃는다.

갈등 상황에서 누군가를 탓하기보다, 자신이 이 관계를 더 좋은 방향으로 이끌 수 있다는 신념이 관계의 향방을 결정짓는다.

이별, 그리고 회복의 자기효능감

사랑이 끝났을 때, 자기효능감은 그 사람의 재건 과정에서 큰 역할을 한다. 자기효능감이 낮은 사람은 이별을 자신의 전면적 실패로 해석한다. "나는 사랑을 할 줄 모른다", "나는 사랑받을 자격이 없다." 그러나 자기효능감이 높은 사람은 이별조차 삶의 일부, 관계의 자연스러운 종료로 받아들인다.

그들은 상처를 되새김질하되, 자기 가능성을 잃지 않는다. 슬픔을 지나 성장의 언덕으로 나아갈 수 있는 이는, 자기 자신을 여전히 신뢰하는 사람이다.

자기효능감은 어떻게 사랑을 바꾸는가?

사랑은 언제나 예측 불가능하고, 감정은 때때로 거칠다. 그러나 그 안에서 우리가 중심을 잡고 누군가와 함께 항해할 수 있는 것은, 내가 이 관계 안에서 의미 있는 존재로 작용할 수 있다는 믿음, 곧 자기효능감 덕분이다. 자기효능감은 단지 "난 잘할 수 있어"라는 자기암시가 아니다. 그것은 "내가 사랑을 해보았고, 실패했지만 다시 일어설 수 있으며, 누군가와 깊이 있는 관계를 맺을 수 있다"는 체험적 믿음이다. 그리고 이 믿음은 연애를 단순한 감정의 소모전이 아닌, 성장과 자각의 장으로 바꿔놓는다.

사랑을 위해 우리가 믿어야 할 것

누군가를 사랑하고 싶다면, 먼저 자신을 신뢰할 수 있어야 한다. 내가 사랑을 잘할 수 있다는 믿음.

상대가 떠날지라도 나는 나 자신을 잃지 않을 거라는 믿음. 그리고 내가 사랑받을 만한 존재라는 고요한 확신. 자기효능감은 연애의 기술이 아니다. 그것은 우리가 타인에게 닿기 전, 스스로를 품어 안을 수 있는 내면의 자세다. 꽃은 꺾일지언정 스스로를 피우는 법을 잊지 않는다. 사랑도 마찬가지다. 우리가 다시 사랑할 수 있으리라는 믿음, 그것이 바로 사랑의 자기효능감이다.

"'할 수 있다'는 믿음은 사랑을 더 멀리 데려가는 가장 내밀한 추진력이다."

6. 합리적 행동이론
Theory of Reasoned Action

태도와 규범이 행동의 무게를 결정짓는 내부의 계산식

마틴 피시바인
Martin Fishbein(1936~2009)

아젝 아이젠
Icek Ajzen(1942~)

이성적 인간의 초상: TRA의 세계

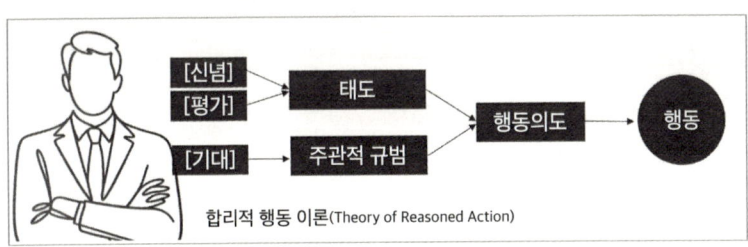

합리적 행동 이론(Theory of Reasoned Action)

합리적 행동 이론(Theory of Reasoned Action, TRA)은 인간이 행위를 결정하는 과정을 단순한 충동이나 본능의 산물이 아닌, 이성적이고 사회적인 판단의 결과로 간주한다. 이 이론은 Martin Fishbein과 Icek Ajzen에 의해 제안되었으며, 개인이 특정한 행동을 취하기까지 어떤 심리적 구조를 거치는지를 설명한다. TRA는 인간의 행동 의도(behavioral intention)를 결정하는 두 가지 주요 요인, 즉 행동에 대한 태도(attitude toward behavior)와 주관적 규범(subjective norm)을 중심축으로 구성된다.

우선 태도는 어떤 행동을 수행했을 때의 결과를 어떻게 평가하느 냐에 달려 있으며, 개인이 그 행동을 긍정적으로 인식할수록 행동 의도가 강화된다. 그리고 주관적 규범은 주변 사람들이라 할 수 있는 부모, 친구, 연인, 사회 전체의 기대와 압력에서 비롯되며, 개인이 그들의 기대에 따르고자 할 때 행동 의도는 보다 강해진다. 이 두 요 인이 합쳐져 행동 의도를 형성하고, 이는 궁극적으로 실제 행동으 로 이어진다는 것이 이론의 핵심이다. 즉, TRA는 인간이 타인의 시 선을 인식하고, 결과를 예측하며, 스스로 판단하는 이성적 존재로서 의 인간상을 전제하고 있는 것이다. 이 이론을 가장 전형적으로 설 명할 수 있는 사례는 '건강을 위한 금연 행동'이다. 어떤 사람이 흡연 습관을 끊으려 할 때, 그는 먼저 '금연이 건강에 이롭다'는 행위 신념 과 '건강해지는 것은 좋은 일'이라는 결과 평가를 바탕으로 긍정적인 태도를 형성한다. 동시에 '가족과 친구들이 내가 담배를 끊기를 바 란다'는 규범 신념과 그 기대에 따르고자 하는 순응 동기가 작용하 면서 주관적 규범이 강화된다. 이 모든 인지적 요소가 모여 그 사람 의 '이번 달부터 금연을 실천하겠다'는 행동 의도를 만들고, 결국 금 연이라는 실제 행동으로 이어지게 된다. 이처럼 TRA는 인간의 행동 을 구성하는 이성적 기제들을 정교하게 추적함으로써, 인간 행위가 우연이 아닌 합리적 결단의 결과임을 보여준다. 하지만 이 이론은 단 지 건강이나 소비 선택, 사회적 행동 같은 실용적 장면에만 국한되지 않는다. 감정의 영역, 특히 그중에서도 가장 인간적인 행위인 연애 역시 TRA의 틀 안에서 새로운 시선으로 해석될 수 있다. 우리는 사랑이라는 감정 앞에서도 수많은 계산과 타인의 시선을 의식하며, 스스로에게 끊임없는 질문을 던진다.

사랑은 계산이다: 연애에서의 TRA 적용

인간들이 이성의 틀 속에 감정이 어떤 방식으로 위치하는지를 살펴보는 것도 의미가 있을 수 있다.

연애는 흔히 감정의 영역이라 여겨지지만, 그 속에도 이성의 수학과 사회의 언어가 흐르고 있다.

TRA의 관점에서 연애를 들여다보면, 연애라는 행위 역시 충동이 아닌 인지적 사유의 결과임을 알 수 있다. 예컨대, 한 사람이 새로운 사람에게 호감을 느낄 때, 그는 단순히 설렘이나 끌림만으로 데이트를 제안하지 않는다. '이 사람과의 관계가 나에게 긍정적 영향을 줄 것인가', '같이 있을 때 편안하고 즐거운가', '사회적 이미지에 부합하는 상대인가'와 같은 행위 신념과, 그것에 따른 '그렇다면 만나보는 게 좋겠다'는 결과 평가가 태도를 형성한다. 이때 주관적 규범 역시 강하게 작용한다. 예컨대 친구들이 "그 사람 진짜 괜찮은 것 같아"라며 긍정적 반응을 보이면, 규범 신념이 강화되고, 그들의 기대를 충족시키고자 하는 순응 동기 또한 행동 의도를 뒷받침한다. 반대로 부모나 주변에서 "너무 조건이 안 맞는 것 같아"라는 반응을 보인다면, 아무리 태도가 긍정적이라 해도 행동 의도는 약화될 수 있다. 이처럼 연애의 시작은 단순한 호감이 아닌, 개인의 내면과 사회적 맥락 사이에서 조율된 선택이다. 예를 들어, 회사원 A씨가 같은 부서의 동료 B씨에게 호감을 갖게 되었을 때, A씨는 먼저 '직장 내 연애는 문제를 일으킬 수도 있다'는 사회적 판단과 '하지만 B씨와의 관계는 나의 정서적 안정에 도움이 될 수 있다'는 개인적 기대 사이에서 태도를 형성한다. 동시에 '회사 사람들이 알게 되면 곤란할까', '혹시 이 관계가 진지하게 발전하지 않으면 소문만 나고 끝날까' 하는 규범적 고려가 행동 의도를 흔든다. 여기에 '친한 동료들이 응원해줄 것 같다'거나 'B씨가 나에게도 호감이 있어 보인다'는 신호가 더해지면, 마침내 '데이트 신청을 해보자'는 구체적 의도로 전환된다.

결국 이 모든 과정은 TRA의 구조 속에서, 감정이 아닌 계산된 용기로 탄생한 한 걸음인 셈이다.

의도와 실천 사이의 간극: 연애의 비이성적 지점

그러나 TRA는 연애라는 현상 전부를 설명하지는 못한다. 왜냐하면 이 이론은 기본적으로 의도와 행동이 일치한다는 가정을 전제로 한다. 그러나 연애에서는 종종 마음이 있어도 고백하지 못하거나, 상대방이 좋지 않아도 계속 관계를 지속하는 비합리적 행동이 나타난다. 이런 경우는 TRA의 전제가 흔들리는 지점이다. 그래서 Ajzen은 이후 계획된 행동 이론(TPB)에서 '지각된 행동 통제(Perceived Behavioral Control)'라는 개념을 추가한다. 이는 연애에서도 유사하게 적용된다. 좋아해도 자신이 외모나 조건에서 상대에게 부족하다고 느낄 경우, 의도는 있으나 행동으로 옮기지 못하게 되는 것이다. 이처럼 연애에서의 행동은 단지 이성적 판단에 기반한 것만은 아니다. 감정의 무게, 과거의 경험, 타인의 의도 해석 같은 불확실성과 내적 동요가 결합될 때, 인간은 TRA가 말하는 이성적 계산의 길을 벗어난다. 그럼에도 불구하고 TRA는 사랑을 시작하거나 회피할 때 우리가 어느 순간, 아주 잠깐이라도 "이 선택은 나에게 어떤 의미가 있을까"라는 내면의 질문을 던지게 되는 구조를 잘 설명해준다. 인간은 본능적이면서도 동시에 계산적인 존재이며, 사랑은 그 이중성 위에 놓인 고귀한 감정의 구조물일 수 있다는 것이다.

결정의 풍경: 사랑의 합리와 감정 사이

결국, 합리적 행동 이론은 사랑이라는 복잡한 감정조차 일정 부분 설명 가능하다는 사실을 보여준다. 연애는 결코 감정만으로 이루어지지 않는다. 태도와 사회적 시선, 그리고 미래 결과에 대한 예측은 우리가 '사랑에 빠질 것인가, 혹은 멀어질 것인가'를 결정짓는 중요한 요소로 작동한다. 이성적인 분석과 감성적인 충동은 항상 긴장 관계에 있으며, 우리는 그 사이에서 수많은 선택을 반복한다. TRA는 그 선택의 풍경 위에 깔린 이성적 구조의 지형도를 제공한다. 사랑이란 어쩌면 계산된 감정일지도 모른다. 혹은, 이성의 틀을 흘러넘치는 감정 속에서 때때로 깨어나는 잠재된 논리일 수도 있다. 중요한 것은, 우리가 그 감정 속에서 어떤 태도를 지니고 있고, 어떤 시선을 의식하며, 무엇을 기대하는가이다. 연애라는 드라마에서 우리는 언제나 의도된 주인공이며, 그 의도는 우리 행동의 출발점이자 결정적인 예언이다. TRA는 그 예언의 메커니즘을 섬세하게 보여주는 사랑의 이론적 초상화인 셈이다.

"마음의 선택은 감정에서 출발하지만, 행동은 결국 태도와 신념이 만든

길을 따라 움직인다."

7. 계획된 행동이론
Theory of Planned Behavior
사랑은 계획될 수 있는가?

아젝 아이젠
Icek Ajzen(1942~)

의도는 충분하지 않다: TRA를 넘어서

인간은 생각하고, 느끼고, 결정하는 존재다. 그리고 많은 경우, 그는 결정을 하기 전 행동을 충분히 이성적으로 계획한다. 앞서 설명한 TRA(합리적 행동 이론)는 이처럼 인간을 이성적 판단자로 전제하고, 행동을 설명하려 한다. '행동에 대한 태도'와 '주관적 규범' 즉, 내가 어떤 행위를 좋다고 느끼는가, 그리고 주변은 그 행위를 어떻게 보는가라는 두 축이 개인의 행동 의도를 결정하고, 그 의도가 실제 행동으로 이어진다는 것이다. 하지만 TRA에는 한 가지 결정적인 한계가 존재한다. 바로 "의도했다고 해서 반드시 행동으로 이어지는 것은 아니다"라는 점이다. 예컨대, 나는 다이어트를 해야겠다는 강한 의지를 갖고(행동 의도), 주변 사람들 또한 그것을 응원하지만(주관적 규범), 정작 시간이 없거나, 운동할 자신이 없거나, 식욕을 조절하지 못하는 실천적 한계 때문에 행동으로 옮기지 못하는 경우가 허다하다는 것이다.

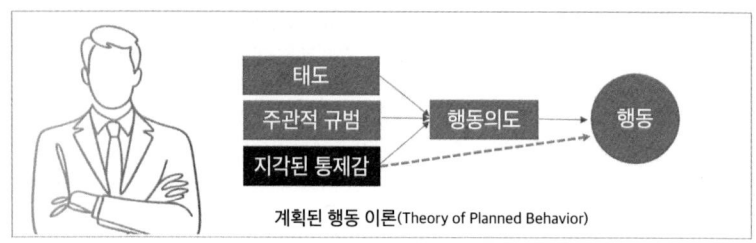

계획된 행동 이론(Theory of Planned Behavior)

그 틈을 메우기 위해 등장한 이론이 바로 TPB, 계획된 행동 이론 (Theory of Planned Behavior)이다. Icek Ajzen는 TRA를 확장하며 '지각된 행동 통제(perceived behavioral control)'라는 세 번째 요소를 도입함으로써, 인간 행동을 보다 실제에 가깝게 설명하고자 했다.

TRA와 TPB의 갈림길: "할 수 있는가"의 문제

TRA와 TPB의 가장 큰 차이는, '행동 가능성'에 대한 자기 인식의 유무다. TPB는 태도와 규범 외에도, 개인이 "내가 이 행동을 실제로 할 수 있다고 느끼는가", 다시 말해 자율성과 통제감의 수준이 행동 의도에 큰 영향을 미친다고 보는 것이다. '의지'와 '능력'은 별개의 문제이며, TPB는 그 둘을 구분함으로써 TRA보다 한층 더 정교하게 인간의 행동을 설명하고 있다. 시험 공부를 예로 들어보자. 어떤 학생이 '시험공부는 중요하다'고 생각하고(태도), 부모와 친구도 열심히

하라고 응원하고 있으며(주관적 규범), 마음속으로는 '이번엔 꼭 제대로 공부하겠다'는 의도를 품고 있다고 하자. 여기까지는 TRA의 구조와 일치한다. 하지만 그 학생이 실제로 공부를 하느냐는 '지각된 행동 통제', 즉 '나는 집중력이 약해서 오래 공부 못 해', '도저히 이해가 안 되는 과목이 있다', '밤에는 너무 피곤하다'는 자기효능감에 따라 달라진다. TPB는 이 세 번째 요소를 분석함으로써, 단지 왜 사람들이 의도만 하고 행동하지 못하는지를 설명하는 데 그치지 않고, 그 간극을 메우는 열쇠를 제시한다는 것에 큰 의미가 있다.

마음은 논리를 지나 현실로 스며든다

우리는 복잡한 공식 없이도 사람을 좋아한다. 그러나 그 감정의 무게가 커질수록, 그 감정이 행동으로 이어지기까지는 의외로 많은 심리적 공식과 조건을 지나야만 한다. TRA와 TPB가 설명하는 구조는 차가운 이론처럼 보일 수 있지만, 실제로는 연애라는 가장 뜨겁고 불확실한 세계 속에서도 놀라울 만큼 유효하게 작동한다. 행동은 결심에서 나오고, 결심은 믿음과 가능성에서 나온다. 그렇다면 누군가를 좋아하는 마음이 행동으로 이어지지 않는다면 이유는 무엇일까? 그리고 어떤 조건이 갖추어질 때, 우리는 마음을 용기로 바꿀 수 있을까? 연애라는 삶의 무대 위에 TPB의 세 가지 축을 올려보면, 우리의 사랑은 생각보다 훨씬 더 구조적이며 더 설명 가능한 움직임을 가지고 있다는 것을 알 수 있다.

연애의 의도, 그리고 현실의 벽

사랑은 단순한 감정의 발로가 아니다. TRA에 따르면 우리는 누군가를 좋아할 때, 그 사람과 관계를 맺는 것이 긍정적일 것이라는 행위 신념, 그리고 친구들이나 가족이 이를 지지해줄 것이라는 규범 신념을 바탕으로 연애를 시도할 의도를 갖게 된다. 그러나 TPB는 여기서 한 걸음 더 나아가 묻는다. "그 연애, 실제로 가능한가?" 많은 이가 사랑을 품지만 끝내 고백하지 못하는 이유는 단순히 용기가 없어서가 아니다. TPB의 세 번째 축인 '지각된 행동 통제', 즉 자신이 그 행동을 할 수 있다고 느끼는가의 문제 때문이다.

이때 '할 수 있다'는 말은 단지 물리적 여건만을 뜻하지 않는다. 감정 조절 능력, 거절에 대한 두려움, 연애 경험의 유무, 자존감, 시간과 에너지의 여유 같은 심리적 자기효능감이 깊게 개입한다. 예를 들어, A는 동아리의 선배 B에게 강한 호감을 느낀다. A는 B와의 관계가 좋을 것이라는 긍정적 태도와 주변의 지지도 이미 갖추고 있다. 그러나 그는 동시에 '내가 너무 평범해서 B가 날 좋아할 리 없어', '혹시 어색해져서 동아리 활동이 불편해질까봐' 등의 생각을 품는다.

이때 A의 고백은 '하고 싶다'는 의도는 분명하지만, '할 수 없다'고 느끼는 심리적 장벽에 의해 무산된다. 의지는 있으나, 통제감이 없다면 행동은 현실로 이어지지 않는다. 여기서 TPB는 단지 '왜 고백하지 않았는가'를 설명할 뿐만 아니라, 어떻게 하면 행동으로 나아갈 수 있는가에 대한 힌트를 제공한다. 자기효능감의 강화, 감정노동에 대한 준비, 시뮬레이션된 경험의 축적이 그것이다. 반대로, 또 다른 예로 C는 연애를 주저해온 타입이다. 과거의 이별이 상처로 남아 새로운 관계에 대해 회피적인 태도를 보이지만, 어느 날 D라는 사람에게 관심이 생긴다. 평소 친구들의 응원, D의 따뜻한 태도, 그리고 이전보다 여유 있는 생활환경 덕분에 C는 자신이 다시 연애를 시도할 수 있을 것이라는 믿음을 갖게 된다. 이때 TPB의 '지각된 행동 통제'는 긍정적으로 작동하며, 오랜 공백 끝에 다시 용기를 낼 수 있도록 한다. 즉, TPB는 행동을 억누르기도 하지만, 때론 내면의 가능성을 해방시키는 해석 도구이기도 하다. 연애는 타인과의 감정적 교류인 동시에, 자기 자신과의 내면적 설득 과정이다. TRA가 그 설득을 '해야 할지 말지'라는 수준에서 다룬다면, TPB는 '할 수 있는가'까지를 다루며, 실제 연애 행동을 더 밀도 있게 설명하는 프레임을 제공한다. 우리가 누구를 좋아하게 되는가보다, 왜 우리는 좋아함에도 불구하고 행동으로 옮기지 않는가? 그 질문의 실마리는 바로 이곳에서 시작된다.

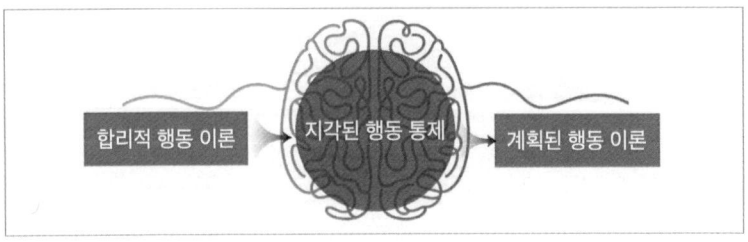

의도와 가능성 사이에서

TRA는 이상적인 이성의 구조를 보여주었다면, TPB는 그 구조를 현실 위에 올려놓는다. 우리는 '하고 싶다'는 마음만으로는 부족하고, '할 수 있다'는 믿음이 있어야 비로소 행동이라는 결실에 도달할 수 있다. TPB는 인간 내면의 심리적 역학을 더 정교하게 반영하으로써, 교육, 건강, 소비, 사회행동은 물론 사랑이라는 감정의 움직임까지도 이성적으로 이해할 수 있는 길을 연다. 이제 우리는 단지 "왜 하지 않았는가?"라는 질문을 넘어서, "그는 그 일을 할 수 있다고 믿었는가?"를 물을 수 있어야 한다. 행동은 단지 감정이나 논리의 부산물이 아니라, 자기 자신을 둘러싼 세계를 어떻게 인식하고, 얼마나 그 안에서 스스로를 주체로 느끼느냐에 따라 결정된다. 계획된 행동이론에서의 심리적 자유의지란 실은 준비된 자신감에서 비롯된다는 깨달음을 우리에게 건넨다.

"사랑은 우연처럼 시작되지만, 유지되는 과정만큼은 늘 선택과 의도로 채워진다."

8. 정교화가능성모델
Elaboration Likelihood Model
깊이 생각할지 가볍게 판단할지가 호감의 형태를 가른다

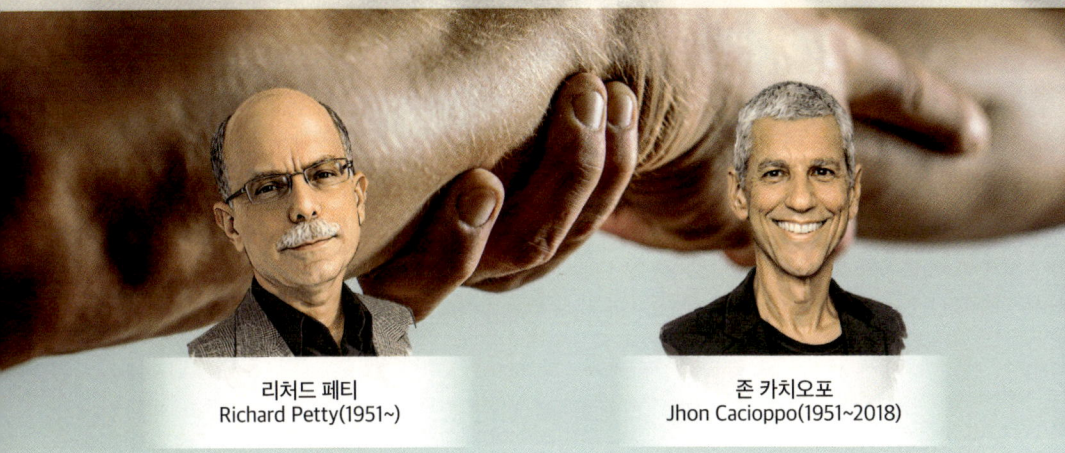

리처드 페티
Richard Petty(1951~)

존 카치오포
Jhon Cacioppo(1951~2018)

연애는 감정의 흐름인 동시에 하나의 설득 과정이다. 마음을 얻기 위해 말하고, 표정을 읽으며, 때로는 침묵으로 의미를 전달한다. 디지털 시대의 연애는 더더욱 복잡하다. SNS의 게시물, 카톡 타이밍, 짧은 영상 하나에도 마음은 흔들리고 오해는 쌓인다. 그 속에서 우리는 늘 누군가를 설득하고 또 설득당하고 있다. 이 글은 사랑을 설명하는 또 다른 렌즈로 정교화가능성모델(Elaboration Likelihood Model)을 선택한다. 이는 연애가 단지 감정의 문제가 아닌, 정보를 해석하고 수용하는 인지적 구조임을 보여주는 도구이자, 우리가 왜 특정한 말과 행동에 마음을 여는지를 해석하는 이론적 열쇠이다.

정교화가능성모델이란 무엇인가?

사회 심리학자 페티와 카치오포(Petty & Cacioppo, 1986)는 사회 심리학 및 소비자 심리학에서 사용되던 태도 변화에 관한 접근들을 종합하여 설득 이론으로서 정교화 가능성 모델을 제시했다. 소비자의 태도는 정보를 처리하는 당시의 관여도에 따라 소비자가 기울이는 정교화 노력의 정도에 의해 결정되며, 최소 두 개의 경로를 통한 정보 처리 결과로 형성된다는 이론이다. 여기서 말하는 최소 두 개의 경로는, 바로 중심 경로(Central Route)와 주변 경로(Peripheral Route)를 말한다. 우선 중심 경로는 정보의 논리적·합리적 내용에 깊이 정교하게 반응하는 방식이다. 수신자가 정보의 질과 논리를 평가하며 충분히 고민할 동기가 있을 때 이 경로가 활성화된다. 반면, 주변 경로는 정보의 겉모습, 감정, 단순 신호에 의해 반응한다. 말하는 사람의 외모, 말투, 인기, 이미지 같은 요소가 설득의 핵심이 되는 경로이다. 이 두 경로는 배타적이지 않으며, 사람은 상황과 맥락에 따라 어느 경로든 선택적으로 활용한다. 연애 역시 그렇다. 우리는 어떤 사랑에는 깊이 사유하며 다가가고, 어떤 관계에서는 분위기나 타이밍에 쉽게 흔들린다.

중심 경로 - 진심은 어떻게 설득하는가?

깊은 사랑은 대개 중심 경로를 따른다. 상대의 말과 태도를 진지하게 해석하고, 그 사람의 가치관과 감정의 맥락을 이해하려는 마음에서 비롯된다. 이는 단지 '좋아 보이는 사람'을 넘어서, '이 사람이 왜 나를 대하는 방식이 이렇고, 어떤 사람인지'를 고민하는 과정이다. 메시지 하나에도 의미를 되새기고, 상대의 말이 일관된 감정의 서사를 이루고 있는지를 관찰하는 연애는 중심 경로적이다. 진심과 일관성, 성실함과 공감 능력은 이 경로에서 설득력을 높이는 핵심 요소가 된다. 이런 연애는 시간이 걸리고, 감정의 깊이만큼 실망도 클 수 있지만, 결국 오래 남는다. 중심 경로는 신뢰를 기반으로 자라며, 신뢰는 사랑을 존속시키는 유일한 언어이다.

주변 경로 - 설렘은 어디서 시작되는가?

연애의 시작은 때로 너무 가볍고 찰나 같아 흩어지는 빛살처럼 느껴진다. 첫눈에 반하는 감정, 잘 찍힌 프로필 사진, 유머 있는 한마디. 이는 모두 주변 경로의 설득 요인이다. 사람들은 연애 초기, 혹은 낯선 상황에서 정보를 깊이 처리할 시간과 동기가 없을 때 주변 신호에 의존한다. 좋은 인상을 남긴 한 번의 만남, 서로 눈을 마주치는 순간, 타이밍 좋게 울리는 메시지 알림음 하나가 마음을 흔든다. 이는 연애에서 '감정의 프레임'을 만드는 시작점이다. 주변 경로를 통한 설득은 빠르지만, 때로는 불안정하다. 오해도 쉽게 생기고, 기대가 실망으로 전환되는 속도도 빠르다. 그러나 이 경로 역시 무시할 수 없다. 많은 사랑이 여기서 시작되며, 적절한 중심 경로로의 전환이 이루어질 때 설렘은 깊은 감정으로 성장할 수 있다. 주변 경로는 연애의 문을 여는 열쇠이고, 중심 경로는 그 문 안에서 살아가는 기술이다.

교차점 - 어느 길에서 사랑은 완성되는가?

연애는 하나의 경로로만 흘러가지 않는다. 설렘으로 시작된 관계가 깊은 신뢰로 나아가고, 때로는 진지한 관계 속에서도 갑작스러운 감정의 반응으로 태도가 바뀐다. 이는 정교화가능성모델이 말하는 두 경로의 상호작용과 전환 가능성을 연애에서도 확인할 수 있음을 보여준다. 상대가 처음엔 외모나 이미지로 끌렸더라도, 시간이 지나며 가치관과 성격을 이해하게 될 때 중심 경로로 전환된다. 반대로, 오래된 관계에서도 특정한 감정적 계기나 분위기, 외부 자극으로 인해 주변 경로가 활성화되어 관계가 흔들릴 수 있다. 사랑의 지속성은 이 두 경로를 얼마나 유기적으로 오갈 수 있느냐에 달려 있다. 중심과 주변, 이 두 가지의 심리적 길 위에서 사람들은 설득당하고, 또 설득하며 자신과 타인의 감정에 적응해간다. 연애는 곧 정서와 이성 사이에서 태도의 방향을 재설정하는 시간이다.

감정의 길 위에서 우리가 묻는 질문들

정교화가능성모델은 사랑을 단지 감정의 흐름이 아닌, 인지적 설득과 감정적 반응이 교차하는 복합적 과정으로 조망하게 한다. 사랑을 '설득'이라는 단어로 바라보는 순간, 우리는 더 섬세하게 관계를 읽게 된다. 연애의 깊이는 중심 경로가 만들어내고, 연애의 시작은 주변 경로가 촉진한다. 이 두 경로는 어느 하나가 우월하거나 열등한 것이 아니다. 오히려 사랑이 머무는 자리는 중심과 주변이 서로의 가능성을 열어줄 때에야 비로소 완성된다. 결국 사랑은 말로 이루어지지만, 그 말의 무게는 상대가 어떻게 해석하는가에 따라 전혀 다른 설득으로 작용한다. 그래서 연애는, 단지 감정이 아니라 해석이고, 설득이며, 다시 사랑이다.

"사람은 어떤 사랑에는 깊이 생각으로, 어떤 사랑에는 가벼운 직감으로

반응하며 그 차이가 관계의 결을 만든다."

미디어와 사랑의
교차점

사랑은 개인의 감정보다
더 큰 흐름 속에서 이해된다

사랑은 결코 두 사람만의 문제가 아니다.

우리가 무엇을 사랑이라 정의하고, 어떤 관계를 건강하게 받아들이며,

무엇을 위협이라고 생각하는지조차 사회적 규범과 미디어의 서사가 오랜 시간 형성해온 감정의 틀 속에 있다.

미디어는 특정 관계의 형태를 이상화하고, 특정 감정 표현을 더 '자연스럽다'고 만들어왔다.

의제설정이론, 문화배양이론, 제3자 효과 이론은 우리의 감정이 사회적 환경과 어떻게 얽혀 있는지 보여준다.

우리가 관계를 바라보는 시선, 갈등을 해석하는 태도, 그리고 사랑을 실패로 규정하는 기준까지.

이 모든 것은 사회적 흐름 속에서 이미 이야기된 감정의 방식들이다.

이 장은 사랑이라는 개인적 경험을 사회적·문화적 맥락으로 확장시키며, 우리가 스스로 '자연스럽다'고 믿어온 감정의 구조들을 다시 질문하게 한다.

1. 이용과 충족이론
Uses & Gratifications Theory
사람은 결국 자신이 원하는 방식으로 관계를 소비한다

엘리우 카츠
Elihu Katz(1926~)

사람은 사랑에서도 '어떤 감정이 필요한지'를 먼저 안다

누군가를 사랑할 때 우리는 무의식적으로 그 사람에게서 어떤 감정이 채워지길 바라는지 알고 있다.

자주 연락을 받으며 안정감을 느끼고 싶은 사람도 있고, 말투의 온기를 통해 다정함을 확인하고 싶은 사람도 있으며, 예측할 수 없는 설렘에서 관계의 활력을 얻는 사람도 있다.

이 욕구는 사랑이라는 감정 앞에서만 존재하는 것이 아니다. 사람은 자신의 감정적 필요를 관계 안에서, 그리고 관계 바깥의 미디어에서 동시에 충족시키며 살아간다. 따뜻함이 부족할 때는 다정한 장면이 담긴 영상을 찾고, 불안이 커질 때는 관계의 원리를 설명해주는 콘텐츠를 선택하며, 혼자라는 감각이 깊어질 때는 타인의 경험이 담긴 이야기 속으로 들어간다.

사람은 사랑의 순간마다 자신에게 필요한 감정을 정확히 알고 있으며 그 감정에 맞는 미디어를 섬세하게 선택한다.

이론의 출발점 - 인간은 결코 수동적 존재가 아니다

이용과 충족이론(Uses & Gratifications Theory)은 1950~70년대 커뮤니케이션학자 엘리후 카츠(Elihu Katz)와 제이 블룸러(Jay Blumler), 마이클 구레비치(Gurevitch)가 당시의 미디어 연구 방식에 대한 문제 제기로부터 출발한다.

그 시기 학계는 "대중은 미디어에 의해 영향을 받는 수동적 존재"라는 관점을 유지하고 있었다.

그러나 카츠는 반대로 물었다. 사람은 왜 어떤 미디어를 기꺼이 찾고, 어떤 콘텐츠를 스스로 선택하며, 그 선택을 통해 무엇을 채우려하는가? 그의 대답은 간단하면서도 혁명적이었다.

사람은 미디어를 통해 자신의 욕구를 충족시키기 위해 능동적으로 움직인다.

정보가 필요할 때는 정보를,

위로가 필요할 때는 감정을,

관계가 필요할 때는 소통을,

현실 도피가 필요할 때는 환기를 선택한다.

이 연구는 시간이 흐르면서 연애와 감정의 구조를 설명하는 데까지 확장되었다. 사람이 사랑에서 미디어를 어떻게 사용하는지 살펴

보면 그 관계가 어떤 단계에 있는지, 그 사람이 어떤 감정을 갈망하는지, 어떤 결핍과 욕구를 품고 있는지 파악할 수 있을 만큼 정확하게 욕구의 방향이 반영된다.

이별의 순간, 미디어는 '감정의 임시 거처'가 된다

이를 연애의 실제 장면에서 보면 더 명확해진다. 가령 한 남성이 이별 직후 혼란 속에 놓여 있다고 상상해보자. 자존감이 떨어지고, 불안이 커지고, 누군가와 연결되어 있다는 감각이 사라져 정서적 균형이 크게 흔들릴 때 그는 미디어를 감정의 임시 거처처럼 사용하기 시작한다.

처음에는 이별을 이성적으로 이해하고 싶어서 심리학자가 설명하는 회복 단계나 상처를 다루는 방식에 대한 영상을 찾아본다.

이 영상들은 "내 감정이 무너진 것이 아니라 인간이라면 누구나 겪는 자연스러운 과정"이라는 사실을 일깨워주며 그의 인지적 욕구를 충족시킨다. 그러다가 어느 순간 감성적인 음악이나 이별 장면이 담긴 드라마 클립에 오래 머물며 자신의 마음을 감정적으로 비워낸다.

가사의 단어나 영상 속 표정 하나가 자신의 고통을 대신 말해주는 듯한 느낌이 들면 정서적 욕구가 잠시나마 진정된다. 그리고 어느 날은 SNS나 커뮤니티에 자신의 이야기를 조심스레 올린다.

비슷한 경험을 가진 사람들의 댓글이 쌓이면 "나만 겪는 일이 아니구나"라는 안도감이 찾아오고

사회적 욕구가 충족된다. 하지만 감정이 더 무거워지는 날에는 아

무 의미 없는 유머 영상이나 게임 방송 속으로 빠져들며 잠시라도 현실의 고통을 잊으려 한다. 이것은 도피적 욕구가 선택한 자연스러운 대응이다.

이별이라는 무너짐 속에서 그는 감정을 다루기 위해 미디어를 스스로 선택하며 욕구의 네 층위를 동시에 왕복하고 있었던 것이다.

연애 초기에 사람은 '관계를 더 잘하기 위한 미디어'를 찾는다

관계가 새롭게 시작되는 순간 미디어는 치유가 아니라 성장을 위한 도구가 된다.

남성은 자신의 행동 방식이 상대에게 어떻게 보일지 고민하며 자연스럽게 관계 조언을 알려주는 영상이나 다른 사람들이 어떻게 데이트를 준비하는지 보여주는 콘텐츠에 귀를 기울인다. 그 안에서 '좋은 남자친구가 되고 싶은 욕구'가 충족되고 사회적 인정 욕구까지 동시에 만족된다.

한편 여성은 새로운 관계의 설렘을 오래 품고 싶어서 감성적인 커플 영상이나 브이로그에 깊숙이 빠져들기도 한다. 영상 속 인물들이 나누는 시선과 말투는 곧 "우리도 저럴 수 있을까"라는 감정을 자극하며 정서적 기대감을 강화한다.

또한 남녀 모두 상대의 심리를 이해할 수 있는 콘텐츠를 찾아보며 호기심·불안·기대의 복합된 감정을 인지적으로 정리하려 한다. 이 시기 미디어는 관계를 더 잘 이끌기 위해 필요한 감정과 정보를 각자에게 가장 적절한 방식으로 제공한다.

갈등기에는 남녀가 전혀 다른 방식으로 미디어를 사용한다

두 사람 사이에 갈등이 생기는 순간 사람은 본능적으로 자신의 감정을 지키기 위해 각자의 방식으로 미디어를 활용한다. 여성은 마음속에 가득 찬 감정을 먼저 다독이고 싶어 심리 상담자들이 이야기하는 방송이나 사연 중심의 팟캐스트를 듣는다. 비슷한 경험을 가진 여성들의 이야기를 통해 "내 감정은 이해받을 만하다"는 확신을 얻고 정서적·사회적 욕구를 자연스럽게 채워간다.

댓글 한 줄이 그녀에게는 자신의 감정을 정당화해주는 작은 거울처럼 느껴진다.

반면 남성은 문제가 생겼을 때 감정을 쏟아내기보다 상황을 이해하고 해결하는 데 에너지를 쏟는다.

그래서 연애 갈등을 분석하는 영상이나 여성 심리를 설명하는 콘텐츠를 찾아보며 "지금 상황을 어떻게 바라봐야 하는지"를 정리하려 한다. 이것은 그가 감정적 혼란을 줄이는 가장 현실적 방식이며

전형적인 인지적 충족의 흐름이다. 같은 불안을 겪고 있어도 여성은 '공감'을, 남성은 '이해'를 먼저 찾는 경향이 나타난다.

결국 사람은 자신이 원하는 감정의 방식으로 사랑을 소비한다

이용과 충족이론은 미디어의 작동 원리를 넘어 사람이 사랑을 대하는 방식까지 설명한다.

사람은 위로가 필요할 때는 위로의 콘텐츠를, 이해가 필요할 때는 분석적 콘텐츠를, 자기 확신이 필요할 때는 비슷한 사례를, 도피가 필요할 때는 가벼운 콘텐츠를 선택한다.

그리고 그 선택은 관계의 방향과 감정의 흐름을 조용히, 그러나 확실하게 결정한다.

우리는 결국 자신이 가장 간절히 원하는 감정을 채워줄 사람과 미디어를 찾으며 살아간다.

"사람은 사랑에서도, 마음이 가장 갈망하는 감정을 채우기 위해 미디어를 능동적으로 선택한다."

2. 의제설정이론
Agenda-Setting Theory
중요하다고 여기는 것들이 결국 사랑의 방향을 정한다

맥콤스
Maxwell McCombs
(1938~2024)

도널드 쇼
Donald Shaw(1936~2021)

　사랑은 감정이 아니라 '이슈'였다. 우리는 종종 연애를 마음의 교감이나 운명의 끌림으로 이해하려 하지만, 실제로 사랑은 '무엇을 말할 것인가'와 '무엇을 중요하게 여길 것인가'를 두고 일어나는 미세한 담론의 협상이며, 이는 20세기 언론학에서 출발한 의제설정이론(Agenda-Setting Theory)과 놀랍도록 닮아 있다. 이 이론은 1972년 미국의 정치 커뮤니케이션 학자 맥콤스(Maxwell McCombs)와 쇼(Donald Shaw)가 미국 대통령 선거 기간 중 언론 보도와 유권자들의 이슈 인식 사이에 높은 상관관계를 발견하면서 정립한 이론이다. 이들이 내린 결론은 명료하다. 언론은 사람들에게 무엇을 '생각하라'고 직접 말하지 않지만, 무엇을 '생각하게 만들 것인지'를 결정할 수 있다는 것이다.

이는 단순히 정보를 제공하는 것이 아니라, 대중의 인식 속에 '어떤 문제'가 중요한지의 우선순위를 심어준다는 뜻이다. 이를 '1차 의제설정'이라고 한다면, 이후 이론의 확장에서 등장한 '2차 의제설정'은 보다 정교하다. 이제는 단지 어떤 이슈가 중요한지가 아니라, 그 이슈를 어떻게 보게 할 것인지, 즉 프레이밍(framing)의 문제로 확장되었다. 언론이 범죄 사건을 다룰 때 '피해자 중심'으로 보도하느냐, '가해자의 사정'에 초점을 맞추느냐에 따라 독자의 해석과 감정 반응이 완전히 달라지듯, 미디어는 현실을 선택하고 구성하며, 사회의 집단적 감각을 빚어내는 거울이자 조각가가 된다.

그런데 이 언론의 기능은 사랑이라는 감정적 관계에서도, 놀랍도록 유사한 방식으로 작동한다. 연애는 결국 두 사람이 함께 살아가는 시간 속에서 '어떤 이야기를 중심에 놓을 것인가'를 끊임없이 조정해 나가는 작업이며, 그 과정에서 우리는 알게 모르게 의제를 선점하거나, 상대의 이슈를 무시하거나, 때로는 나의 프레임 속에 타인을 끌어들이려 시도한다. 이처럼 의제를 선점하는 자는 관계의 흐름을 리드하며, 때로는 의제를 침묵시키는 방식으로 권력을 행사한다. 연애는 사랑의 감정보다 '무엇을 말하고, 무엇은 말하지 않을지'를 둘러싼 미묘한 언어의 정치다.

우리는 서로 다른 이슈를 소비하고 있었다

"요즘 왜 연락이 줄었어?"라는 질문은 단순한 불만이 아니다. 이는 관계의 무게 중심이 옮겨졌다는 신호이며, 상대가 생각하는 '중요한 것'의 목록에서 내가 제외되었는지를 확인하려는 감정의 탐색이다. 그러나 상대는 이렇게 답한다. "바빠서 그럴 뿐이야.'" 이 짧은 대화 안에는 의제의 우선순위에 대한 충돌이 내포되어 있다. 나는 이 관계가 가장 중요하다고 생각하지만, 그는 일과 삶의 생존이 우선이다. 문제는 그 차이가 사랑의 양을 평가하는 척도로 오해된다는 데 있다. 연인 간의 갈등은 종종 감정의 차이에서 비롯된다고 여기지만, 더 깊이 들여다보면 '이슈의 다름'에서 출발한다. 나는 미래에 대해 이야기하고 싶은데, 그는 현재의 피곤함에만 몰두한다. 나는 함께한 지난날을 돌아보고 싶은데, 그는 내일의 일정을 계획하느라 바쁘다. 사랑의 언어는 동일하지만, 그것을 사용하는 문맥과 시점이 다를 때, 우리는 마치 다른 언어를 쓰는 사람처럼 멀어진다. 결국 연애는 '동일한 현실'에서 '다른 이슈'를 보고 있는 두 사람의 충돌일지도 모른다.

이처럼 의제 즉 이슈의 차이는 사랑의 크기가 아닌, 사랑의 방향을 다르게 만들며, 서로가 선택한 화제의 반복은 곧 관계의 구조를 설계한다. 그리고 그 반복은 '관계 프레임'이 되어, 누군가는 늘 이야기하는 쪽이 되고, 누군가는 듣기만 하는 사람이 된다. 문제는 여기서 감정의 침묵이 시작된다는 것이다.

사랑의 침묵 그리고 '말해지지 않는 것들'

의제설정이론과 함께 자주 논의되는 개념 중 하나가 바로 '침묵의 나선(Spiral of Silence)'이다.

이는 독일의 커뮤니케이션 학자 엘리자베트 노엘레-노이만이 주장한 것으로, 사람들이 자신의 의견이 소수라고 느낄 때 이를 드러내지 않고 침묵하게 되며, 그 침묵이 다시 여론의 흐름을 강화시킨다는 구조를 설명한다. 이 개념은 연애라는 심리적 관계에서도 그대로 반영된다. 상대가 반복적으로 내 말에 반응하지 않거나, 내 이야기를 불편해한다는 기색을 보이면 우리는 점점 그 주제를 꺼내지 않게 되고, 침묵은 서서히 확산되며 관계의 핵심 이슈를 음지로 밀어낸다. 마치 뉴스에서 특정 사건을 다루지 않음으로써 사회적 관심을 제거하듯, 연애도 '말해지지 않는 것'이 많아질수록 관계는 불투명해지고 감정의 지형은 왜곡된다. 그 침묵은 곧 감정의 무감각으로 이어지고, 어느 날 우리는 이렇게 말하게 된다. "왜 너랑 이야기하면 외로운 기분이 들까?" 사실 그 질문은 '왜 너는 내 이야기를 듣지 않니?'가 아니라, '왜 너는 내 이야기를 중요하다고 생각하지 않니?'라는 말로 해석되어야 한다.

사랑이란 '의제를 공유하는 용기'

연애란 매일의 소소한 의제들이라 할 수 있는 오늘 무엇을 먹었는지, 어떤 생각을 했는지, 무엇이 마음을 찌푸리게 했는지를 서로 나누고, 그 이야기 속에서 나의 감정과 세계가 어떻게 위치 지어졌는지를 확인받는 과정이다. 의제설정이론은 단지 뉴스나 정치 담론을 위한 이론이 아니라, 사랑이라는 관계의 본질을 꿰뚫는 언어적 설계도로서 기능할 수 있다. 진정한 친밀감이란 내가 던진 말이 상대의 마음에 '의미 있는 것'으로 자리 잡는 순간이며, 나의 이야기를 듣는 것이 아니라, 나의 이야기를 '중요한 이야기'로 만들어주는 것이 사랑이다. 이때 사랑은 단지 감정이 아니라 '공유된 어젠다'가 되며, 그 어젠다를 설정하고 유지하려는 노력은 결국 인간이 서로를 존중하고 이해하려는 가장 근본적인 언어의 기술이 된다. 그러므로 우리는 이제 이렇게 묻는 연습을 해야 한다. "지금 너의 세계에서 가장 중요한 이야기는 뭐야?" 그리고 나의 이야기를 말할 때는, 그것이 사랑의 언어가 되도록 천천히, 깊이, 함께 말하는 용기를 가져야 한다.

"사랑은 결국 서로가 '무엇을 중요하게 여기는가'를 공유하는 순간부터 같은 방향을 보기 시작한다."

3. 침묵의 나선이론
Spiral of Silence Theory

말하지 못한 감정이 관계의 균형을 뒤흔드는 조용한 압력

노엘레 노이만
Elisabeth Noelle-Neumann
(1916~2010)

감정은 말해지지 않는 순간부터 다른 방식으로 자라난다

연인 관계에서 상대의 말투가 조금 달라진 날, 답장이 제때 오지 않는 날, 혹은 사소한 제안 하나에도 예상치 못한 거절을 마주한 날, 마음속에서는 말할까 말까 망설이는 감정이 서서히 올라온다.

그러나 많은 경우 사람은 그 감정을 바로 꺼내지 않는다.

갈등이 생길까 봐, 분위기가 더 나빠질까 봐, 혹은 "괜히 말했다가 더 힘들어질지도 모른다"는 두려움 때문에 감정은 말해지지 않은 채 마음속 어딘가에서 잠시 눌려 있다.

하지만 눌린 감정은 사라지지 않는다. 침묵은 쌓이기 시작하고, 그 침묵 속에서 마음의 온도는 조금씩 변하며 관계의 흐름은 생각보다 빠르게 다른 방향으로 기울기 시작한다.

이 조용한 기울어짐을 설명해주는 이론이 바로 엘리자베스 노엘레-노이만의 침묵의 나선이론이다.

이론의 뿌리 - 사람들이 말하지 못하는 이유는 단순한 성격 문제가 아니다

침묵의 나선이론은 1974년, 독일의 정치학자 엘리자베트 노엘레-노이만Elisabeth Noelle-Neumann)이 제시한 개념이다.

그녀는 사람들 사이에서 의견이 분포하는 방식이 단순히 '다수의 목소리가 크기 때문이 아니라, 소수 의견을 가진 사람들이 스스로 침묵을 선택하기 때문'이라고 설명했다. 사람들은 자신의 의견이 사회의 주류와 다르다고 느끼는 순간 '고립될까 봐' 입을 닫는다.

이 침묵이 반복될수록 우세한 의견은 더 강해지고, 소수 의견은 더 움츠러들며 결국 나선처럼 한 방향으로만 쌓여 버린다. 그녀의 이론은 원래 정치·여론 연구에서 출발했지만 연인 관계라는 작은 사회 속에서도 놀라울 만큼 정확하게 재현된다.

연애에서 침묵이 시작되는 순간들

연애에서 침묵은 의견보다 감정에서 먼저 시작된다. 마음속 불편함이 아주 작은 형태로 먼저 생기지만, 그 감정을 꺼내기엔 분위기가 부담스럽거나 상대가 받아줄 것 같지 않을 때 사람은 침묵을 선택한다. 예를 들어, 한쪽이 늘 주도적이고 의견이 강한 관계라면 다른 한쪽은 처음에는 자신의 생각을 말하다가도 반응이 부정적일 때마다 조금씩 말문이 닫힌다.

"내 말은 잘 받아들여지지 않는다"는 경험이 반복되면 상대는 어느 순간부터 "그냥 네가 하고 싶은 대로 해"라는 말로 자신의 의견을 거두게 된다.

이 패턴이 누적되면 관계는 어느새 한 사람의 목소리만 흐르게 된다.

또 어떤 관계에서는 상대의 강한 감정 표현 때문에 말을 삼키게 되는 경우도 있다.

작은 불만을 이야기해도 반응이 지나치게 감정적이거나 격해진다면 사람은 "굳이 말해서 분위기를 망치느니 차라리 참자"고 생각하게 된다.

이 선택이 반복되면 상대방의 기분을 상하게 하지 않기 위해 중요한 사실조차 말하지 않는 침묵이 자리 잡는다.

반대로 지나치게 논리적인 연인과의 관계에서도 감정의 침묵이 빠르게 자라난다.

한 사람이 "오늘 기분이 좀 그래"라고 말했을 때 상대가 곧바로 해결책을 제시하거나 왜 그런 감정을 느끼는지 지나치게 분석하면 감정을 털어놓는 사람은 이해받지 못한다는 느낌에 점점 말을 아끼게 된다. 감정은 해결하려는 대상이 아니라 공감을 필요로 하는 순간이 많기 때문이다.

논리가 지나쳐도, 감정이 지나쳐도 말문은 닫힌다. 침묵은 그렇게 만들어진다.

침묵이 심화되는 과정 - 관계의 기류가 달라지는 방식

침묵이 반복되면 상대의 의도를 파악할 수 없게 되고 말하지 않은 감정들은 마음속에서 더욱 과장되거나 왜곡된다. 한 사람은 "이 정도는 말하지 않아도 되겠지"라고 넘긴 순간부터 다른 사람은 "상대가 나에게 관심이 줄었나"라고 느끼게 되고, 이 오해는 말해지지 않은 채 더 큰 의미로 확장된다.

서로 말하지 않으면서 각자의 해석만 키워가기 시작하면 감정의 균열은 생각보다 빨리 깊어진다.

동조 효과와 침묵의 나선 - 말하지 않음과 따르려 함의 미묘한 결합

때때로 침묵의 나선은 종종 동조 효과(conformity effect)와 연결된다.

말하지 못하는 사람은 말이 많은 사람에게 동조하는 쪽으로 기울게 되고, 그 동조는 다시 침묵을 강화한다. 아쉬의 실험처럼 다른 사람들의 동일한 선택을 반복적으로 마주하게 되면 자신이 틀린 것 같은 불안 속에서 다수 의견을 그대로 따라가게 된다. 그 순간, 자신의 감정과 생각은 줄어들고 상대의 의견은 더 큰 현실처럼 자리 잡는다. 이 구조는 연애에서 더욱 치명적이다.

사랑이라는 작은 사회에서는 고립의 두려움이 훨씬 직접적이며 상대에게 버려지는 것에 대한 불안이 침묵을 더 강하게 만든다.

침묵은 결국 감정의 방향을 바꾸어 놓는다

침묵의 축적은 관계의 리듬을 조용히, 그러나 확실하게 흔든다. 말하지 않는 쪽은 감정이 점점 고여 마음속에서 쓴맛을 키워가고, 말을 계속하는 쪽은 상대가 아무 말도 하지 않는 이유를 "관심 없음"이나 "생각 없음"으로 잘못 해석하기도 한다.

침묵은 이렇게 두 사람의 마음을 서로 다른 방향으로 데리고 가며 결국엔 "대화가 잘되지 않는다"는 깊은 고립감으로 이어진다.

관계를 구하는 힘은 언제나 '말할 수 있는 분위기'에 있다

침묵의 나선이론이 말하는 핵심은 단순하다. 침묵은 자연스럽게 풀리지 않으며 감정은 표현되지 않는 순간부터 다른 방식으로 자란다. 따라서 연애에서 필요한 것은 감정과 의견이 충돌하지 않는 상태가 아니라 감정과 의견을 안전하게 꺼낼 수 있는 분위기다. 언성을 높이지 않아도, 상대가 틀렸다고 판단하지 않아도, 분위기를 망치는 두려움 없이 감정을 말할 수 있는 그 순간이 관계를 되돌리는 작은 출구가 된다. 한 사람이 먼저 한 걸음만 물러서도 다른 사람은 그 공간 안에서 편안히 말을 꺼낼 수 있다. 말의 공간이 열리는 순간 침묵의 나선은 비로소 멈춘다.

"침묵은 갈등을 피하기 위해 선택되지만, 결국 감정을 더 크게 만들어 관계의 흐름을 바꾼다."

4. 제3자효과이론
Third-person effect theory
우리는 언제나 '타인은 더 쉽게 영향을 받는다'고 여긴다

필립 데이비슨
Phillips Davison(1919~2011)

타인의 사랑을 냉정하게 바라보는 우리의 시선

늦은 밤, 낯선 카페에서 마주 앉은 두 사람의 눈빛이 흔들리고 있을 때, 그들의 관계가 어디쯤 와 있는지 눈치채는 일은 그리 어렵지 않다. 말로는 '괜찮다'고 하지만, 마음 깊은 곳에서는 누군가가 더 많이 기울고 있다는 사실을 사랑을 해본 사람이라면 모두 알고 있다. 그런데도 우리는 이상하게, 연애를 판단할 때 자기 자신이 아닌 타인의 이야기에서는 언제나 더 냉정하고, 더 비판적이며, 더 논리적이 된다.

"쟤는 왜 저런 사람한테 휘둘릴까?"

"저건 사랑이 아니라 집착이야."

이렇게 타인의 연애에 대해 말할 때는 유리처럼 투명한 판단력을 갖춘 사람처럼 보인다. 그러면서도 정작 자신의 관계에서는 한없이 관대하고, 상황적 맥락만을 강조한다. 타인의 사랑에는 해석이 넘치고, 자신의 사랑 앞에서는 침묵과 정당화가 우세해지는 그 묘한 심리. 그 중심에 바로 '제3자효과'가 있다.

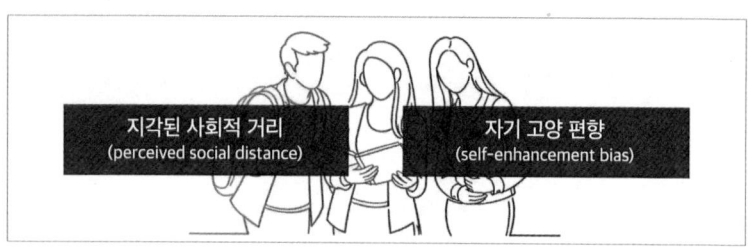

이론의 근원 - Davison이 포착한 '지각의 불균형'

제3자효과(Third-Person Effect)는 1983년, 커뮤니케이션 연구자 Phillips Davison이 제시한 개념이다. 그는 사람들이 미디어는 타인에게 훨씬 강하게 작용하고, 나 자신에게는 상대적으로 덜 영향을 준다고 믿는 경향이 있다고 설명했다.

광고에 넘어가는 것은 '대중'이고,

가짜 뉴스에 휘둘리는 것은 '다른 사람들'이며,

유행에 휩쓸리는 것은 '어리석은 누군가'라고 여기는 마음.

핵심은 실제로 영향을 덜 받는 것이 아니라, '덜 받는다고 믿는 것'이다. 그 믿음 자체가 하나의 자기 보호 장치이자 자신을 "이성적이고 합리적인 판단자"로 설정하려는 심리적 기제라는 점이 중요하다. Davison은 이 현상을 인간의 자기지각(self-perception)과 사회적 비교(social comparison) 과정 속에서 이해해야 한다고 말한다. 인간은 타인을 규정하고, 동시에 자신을 조금 더 이상적인 위치에 올려놓는 데 본능적인 욕구를 가지고 있다. 연애 역시 예외가 아니다.

타인의 연애는 쉽게 판단하고, 자신의 연애는 복잡하게 해석한다

우리는 타인의 연애를 볼 때 압도적으로 '제3자'의 자리에 앉는다.

"저건 사랑이 아니라 집착이야."

"왜 저렇게 자존감을 버리지?"

"이벤트 하나에 감동하는 건 좀 단순한 거 아니야?"

이런 말들을 타인에게는 스스럼없이 사용하면서도, 자신의 연애에서는 갑자기 다른 언어를 꺼낸다.

"우리 사이에는 우리만 아는 무언가가 있어."

"그 사람이 화내는 건 나를 신경 쓰기 때문이야."

"이 감정은 겪어보지 않으면 몰라."

여기에는 자기 고양 편향(self-enhancement bias)이 작동한다.

타인은 감정에 휘둘리지만, 나는 이성적으로 판단하고 있다고 믿는 심리.

타인은 미디어나 감정이나 순간적 분위기에 흔들리지만, 나는 그보다 강하고 단단하다고 스스로를 규정하는 심리.

그러나 사실 연애의 본질은 언제나 둘 사이에서 미세하게 요동치는 감정의 흐름이며, 그 속에서는 누구나 예외 없이 흔들린다.

우리는 자신을 예외라고 믿지만, 실은 같은 혼란 속에 있다

타인의 연애를 보면 결말이 잘 보인다.

"저 관계는 오래가지 못할 거야",

"저건 분명 문제야."

마치 문학 작품의 제3자 서술자처럼 타인의 사랑은 유난히 명확하게 보이는 것 같다.

그러나 내가 그 관계 속에 들어가면 이야기는 달라진다.

친구에게는 "너는 왜 그런 사람을 사랑했니?"라고 쉽게 물었지만, 정작 내가 누군가에게 빠졌을 때는 그 질문의 잔인함을 뒤늦게 깨닫는다.

사람은 '사랑에 취한 자'와 '사랑을 통제하는 자'를 구분하려 하지만 사실 우리 모두는 비슷한 위치에서 비슷한 감정의 소용돌이를 견디며 살아간다. 우리가 타인을 판단하는 동안에도 정작 우리는 그들과 다르지 않은 혼란 한가운데 서 있다.

연애 속 제3자효과의 아이러니 - 타인을 분석할수록 자신을 놓치게 된다

제3자효과가 연애에서 더 흥미로운 지점은 타인의 사랑을 분석하는 데 몰두할수록 자신의 사랑을 볼 수 있는 시야는 더 흐려진다는 사실이다. 누군가의 연애에 지나치게 개입하거나 타인의 관계를 자주 평가하는 사람일수록 정작 자신이 어떤 감정에 흔들리고 있는지는 잘 보지 못한다.

"우리는 타인을 '사랑에 취한 자'로 분류하고, 자신은 '사랑을 통제하는 자'라 상상한다."

그러나 이 상상은 환상에 가깝다. 사랑은 그 어떤 감정보다 불완전하고, 그 어떤 관계보다 흔들릴 수 있는 감정이다. 타인은 더 쉽게 흔들리고, 나는 조금 더 이성적일 거라는 믿음은 사랑이라는 감정이 가진 본질적 복잡성을 가려버린다.

연애 속 제3자효과가 남기는 중요한 메시지

결국 이 이론이 연애에서 던지는 메시지는 단순하면서도 깊다. 우리는 타인의 사랑에 대해 훨씬 많은 언어를 사용하면서도 정작 자신의 사랑에는 침묵하고, 스스로에게 면죄부를 준다.

그리고 그 침묵은 때로는 상대에 대한 오해를 키우고 관계에 대한 이해를 흐리게 한다.

사랑이라는 감정은 누구에게나 쉽게 흔들리고 영향을 받는 감정이다.

타인을 판단하기보다, 그 사람이 지나온 감정의 서사를 들여다보려는 태도.

그리고 그 태도를 자기 자신에게도 돌려보려는 정직함. 이 두 가지가 제3자효과가 연애에 남기는 가장 실질적이고 중요한 메시지일 것이다.

"타인의 사랑은 쉽게 판단하면서도 자신의 사랑만큼은 예외라고 믿는 마음, 그 착각이 바로 사랑 속에서 작동하는 제3자효과다."

5. 지식격차 이론
Knowledge Gap Hypothesis
정보의 차이가 두 사람의 감정 거리까지 벌려놓는다

필립 티치너
Philip J. Ticheno
(1931~2015)

조지 도노휴
George A. Donohue
(1912~2019)

클라렌스 올리언
Clarice N. Olien
(1920~2010)

사람 사이의 온도 차는 '감정'에서만 생기지 않는다

연애에서 두 사람이 멀어지는 이유는 꼭 감정의 문제가 아닐 때가
많다.

같은 사건을 보고도 서로 전혀 다른 해석을 내놓을 때, 상대의 말
속에 담긴 의미를 받아들이는 속도가 다를 때, 비슷한 상황을 반복
해서 겪는데도 서로가 느끼는 불안의 크기가 달라질 때, 그 작은 차
이들이 조용히 쌓이며 마음의 결이 조금씩 어긋나기 시작한다.

사람은 누구나 자기만의 경험과 정보, 그리고 그 정보를 읽어내는
방식으로 관계를 이해한다.

그래서 똑같은 사건이라도 어떤 사람은 그 순간을 '소중함의 확인'

으로 기억하고, 또 어떤 사람은 '사소한 경고 신호'로 받아들인다. 이러한 차이의 바탕에는 '감정의 온도'만이 아니라 '지식의 격차'가 존재한다.

이론의 출발 - 정보가 늘어날수록 격차도 함께 자란다는 역설

지식격차 이론(Knowledge Gap Theory)은 1970년, 커뮤니케이션 연구자 필립 티첸(Philip Tichenor), 조지 돈오휴(George Donohue), 클라렌스 올리엔(Clarice Olien)이 제시한 개념이다.

그들은 새로운 정보가 사회 전체에 확산될 때 사람들이 그것을 흡수하는 속도가 동일하지 않다는 사실에 주목했다. 정보가 많아질수록 그 정보를 빠르게 받아들이는 집단과 뒤늦게 따라가는 집단의 격차는 오히려 더 벌어진다는 것이다.

즉, 정보가 많아지는 시대일수록 모든 사람이 똑같이 '알게 되는 것'이 아니라 어떤 사람들은 더 많이 알고, 어떤 사람들은 상대적으로 덜 알게 된다. 이 격차는 사회에만 존재하는 것이 아니라 두 사람 사이에서도 은밀하게 자라난다.

연애 속에서 지식의 차이는 '해석의 차이'로 나타난다

연애 초기에 사람들은 서로가 가진 지식의 차이를 크게 느끼지 못한다. 설렘이 모든 판단을 덮어주기 때문이다. 그러나 시간이 흐르고 관계가 현실의 층위를 만나기 시작하면 두 사람의 경험, 정보, 감정 처리 방식이 다른 결과를 만들어낸다.

어떤 사람은 관계 책을 읽거나, 심리학 콘텐츠를 보거나, 과거 연애에서 얻은 경험적 지식을 통해 상대의 감정 변화를 더 빠르게 감지한다.

반면 다른 사람은 비슷한 신호를 받아도 그 신호가 의미하는 바를 잘 해석하지 못해 불안을 늦게 느끼거나 정반대로 지나치게 과장되게 받아들이기도 한다.

지식의 차이는 결국 사건의 해석 속도를 달리하고, 그 해석의 차이는 감정의 흐름에 서로 다른 무게를 부여한다.

예상하지 못한 갈등은 지식의 차이에서 시작되곤 한다

예를 들어보자.

한 커플이 싸움을 겪었고, 남성은 시간이 지나면 감정이 가라앉을 거라 믿으며 연락을 하루 쉬었다.

그는 과거의 경험이나 조언을 통해 '적당한 거리 두기'가 도움이 될 것이라 생각했다.

하지만 여성 입장에서는 심리적 거리를 확인하는 가장 중요한 지표가 '연락의 빈도'일 수 있다.

불안이 올라오는 속도가 훨씬 빠르기 때문에 연락이 하루 비었다는 사실 자체가 관계의 기류가 바뀌었다는 신호처럼 느껴진다.

여기서 갈등은 감정에서가 아니라 '관계의 위기에서 어떤 전략이 효과적인가'에 대한 지식의 차이에서 비롯된다. 한쪽은 "잠시 시간을 두는 게 맞다"고 믿고, 다른 한쪽은 "지금 바로 대화해야 한다"고 믿는다. 같은 사건 앞에서 서로 다른 답을 내놓는 이유가 감성의 기질이 아니라 정보의 구조에 있는 것이다.

관계를 이해하는 정보의 차이가 결국 마음의 거리로 이어진다

지식격차 이론이 말하는 핵심은 '정보를 더 많이 아는 사람이 우월하다'는 뜻이 아니다.

오히려 어떤 지식을 알고 있느냐에 따라 연애를 바라보는 시선이 달라진다는 데 있다.

심리학을 공부한 사람은 상대의 불안이나 회피가 단순한 기분 변화가 아니라 과거 경험과 연결된 감정일 수 있다는 것을 더 빨리 이해한다.

반면 감정 중심으로 관계를 바라보는 사람은 상대의 말투 하나에도 의미를 크게 부여하며 감정적으로 해석하곤 한다.

이 차이는 결국 '어떻게 사랑을 읽는가'의 문제다.

한 사람은 관계를 '패턴'으로 읽고, 다른 사람은 관계를 '사건'으로 읽는다.

한 사람은 상대의 행동을 '신호'로 파악하고, 다른 사람은 그것을 '감정의 표현'으로 받아들인다.

그러면서 마음의 거리도 조금씩 달라진다.

지식의 차이가 사랑을 흔들지 않도록 하기 위해 필요한 것

연애에서 지식격차는 누가 더 똑똑한가의 문제가 아니다.

누가 더 빠르게 이해하느냐, 누가 더 느리게 받아들이느냐의 문제도 아니다.

그보다는, '두 사람이 서로 다른 속도로 관계를 이해하고 있더라도 그 차이를 인정할 수 있는가'가 더 중요하다.

어떤 사람은 감정을 설명하는 데 시간이 필요하고, 어떤 사람은 금세 결론을 내리고 싶어 한다.

어떤 사람은 문제를 분석하고 싶고, 어떤 사람은 위로를 먼저 받고 싶어 한다.

이 차이를 누가 옳고 그름으로 판단하는 순간 지식의 격차는 오해의 골짜기가 되지만, 서로의 방식을 이해하려는 순간 그 차이는 관계의 균형을 맞추는 중요한 실마리가 된다.

"사랑에서 지식의 차이는 감정의 거리가 되고, 그 거리를 좁히는 힘은 서로의 속도를 이해하려는 태도에서 시작된다."

6. 문화배양이론
Cultivation Theory

미디어가 꾸준히 쌓아 올린 사랑의 이미지가 우리의 기준이 된다

조지 거브너
George Gerbner
(1919~2005)

　사랑은 언제나 인간의 가장 깊은 감정을 건드리는 주제다. 하지만 오늘날 우리가 사랑을 떠올릴 때 마음속에 떠오르는 이미지는 어디서 온 것일까? 누군가는 영화 속 눈물 어린 고백을 떠올리고, 누군가는 인스타그램 속 여행지에서 손을 꼭 잡고 있는 연인의 모습을 그릴지도 모른다. 흥미롭게도, 이 모든 장면은 우리의 '현실 연애'가 아니라, 어디선가 반복적으로 보아온 이야기들이다.

　바로 이 지점에서 조지 거브너(George Gerbner)의 문화배양(계발)이론(Cultivation Theory)은 사랑이라는 감정조차 사회적 맥락 속에서 '계발'된 것일 수 있다는 통찰을 제공한다.

문화배양이론이란 무엇인가?

문화배양이론은 조지 거브너가 1970년대에 제안한 커뮤니케이션 이론이다. 그는 사람들이 TV를 비롯한 미디어를 반복적으로 시청하면, 그 속에서 제시되는 세계관이 현실처럼 느껴지고 내면화된다고 주장했다. 다시 말해, 자주 노출된 이미지와 이야기가 현실에 대한 인식을 조용히 '배양'(cultivate)한다는 것이다. 예를 들어, TV에서 범죄 뉴스를 자주 본 사람은 실제보다 세상이 더 위험하다고 믿게 되고, 드라마에서 본 특정한 성 역할이나 사랑의 패턴은 결국 자신이 관계를 맺을 때 기준이 되기도 한다는 것이다. 이 이론은 단순한 '영향'이 아니라, 미디어가 반복적으로 사회적 상징을 주입하고, 그것이 수용자의 심리에 뿌리내리는 과정을 말하고 있다.

연애에 미디어가 심어놓은 무형의 기대들

현대 연애를 돌아보면, 많은 이들이 이상적인 관계에 대한 이미지를 이미 어디선가 본 적 있는 방식으로 상상하고 있다. 남자는 무심하지만 깊고, 여자는 따뜻하고 섬세하며, 고백은 벚꽃 아래에서 이뤄지고, 이별 후엔 다시 만나야만 하며, 사랑은 운명처럼 닿는다고 믿거나 해석한다. 이 모든 설정은 드라마, 영화, SNS 콘텐츠 속에서 반복적으로 등장하는 이야기 구조다. 문제는, 이러한 이야기를 반복적으로 접하면 사랑에 대한 심리적 '기대치'가 문화적으로 학습된다는 것이다. 이런 미디어의 배양 효과는 연애 초기에는 설렘과 기대를 만들 수 있지만, 시간이 지날수록 현실의 관계가 그 기대에 못 미친다는 이유로 실망과 갈등을 키우기도 한다. "왜 그는 이벤트를 안해줄까?", "왜 그녀는 드라마 속 여자처럼 날 이해하지 못할까?"라는 생각은 어쩌면 미디어가 만든 허상에 대한 실망일지도 모른다.

연애심리에 미치는 심층적 영향

문화배양이론의 시각에서 보면, 연애심리 역시 자연스러운 감정이라기보다 사회적으로 반복된 이미지의 내면화 결과일 수 있다. '사랑은 고통을 동반해야 진짜다', '연애는 설렘이 식으면 끝이다', '남자는 표현을 못 해도 사랑한다'는 식의 사고방식은 대부분 미디어를 통해 강화된 통념일 수 있다.

이러한 사고는 연인 간 갈등을 해석할 때 비현실적인 기준을 적용하게 만들고, 결국 관계 유지보다는 회피나 극단적인 감정 반응으로 이어질 수 있다. 또한 SNS 시대에는 타인의 연애가 꾸며진 이상형으로 노출되는 경향이 강하다. '사랑받는 여자', '성공한 커플'의 이미지가 범람하면서, 우리는 우리 자신의 연애를 끊임없이 비교하고 자기 연애를 축소하거나 부정하게 되는 심리에 빠지기도 한다.

그리고, 이별의 심리는 어떻게 계발되는가?

우리는 이별조차도 미디어의 서사적 틀 속에서 학습한다. "잡지 않았기 때문에 떠났다", "끝나고 나서야 진심을 알았다", "다시 만나는 운명을 믿는다"는 말들은 단지 감상의 언어가 아니라, 오랜 시간 미디어가 반복한 이별 공식이라는 것이다. 특히 한국 드라마나 영화에서는 이별이 스토리상 절정일 경우가 많다. 눈물, 오해, 비극, 시간이 흐른 후의 재회. 이러한 이야기를 반복해서 본 사람은 실제 연애에서도 이별을 감정적으로 극화하고, 현실적인 문제 해결보다는 감정의 파고에 자신을 맡겨버리는 경향을 보이는 것이다. 또한 이별 후의 감정 정리는 '그리움의 연장'이 되어야만 한다는 암묵적인 압박도 존재한다. 누군가는 이별 후 빠르게 회복하면 '진심이 아니었다'는 말을 듣기도 하고, SNS에 평온한 일상을 올리는 것조차 비난받기도 한다. 이는 이별의 슬픔조차 미디어가 부여한 '형식'에 맞춰야 한다는 사회적 시선의 결과일 수 있다는 것이다. 문화계발이론의 관점에서 보자면, 이별 후의 슬픔, 재회에 대한 희망, 그리고 이별의 서사적 미화는 모두 문화가 반복적으로 우리에게 가르쳐 온 '이별의 틀'일 수 있다. 그리고 많은 이들이, 현실의 이별을 겪으며 그 틀에 맞추어 자신의 감정을 맞추려 노력한다. 누군가는 '드라마 같은 이별'을 경험하지 못했다는 이유로 자기 연애를 하찮게 여기고, 또 누군가는 헤어졌지만 '끝난 것 같다'는 실감이 안 난다고 느끼기도 한다. 이는 슬픔이 내면에서 자연스럽게 피어난 감정이 아니라, 외부에서 주어진 서사를 내면화했기 때문일 수 있다.

사랑과 이별을 다시 생각하는 방법

우리는 사랑을 배운 적도, 이별을 배운 적도 없다. 조지 거브너는 "미디어는 단지 세계를 반영하지 않는다. 오히려 그것을 만들어낸다"고 말했듯이, 미디어는 끊임없이 사랑과 이별을 '이야기'로 보여주며, 우리를 그 안에 귀속시켜 자신을 투영하게 만든다는 것이다. '미디어가 없던 시절, 사랑은 어떻게 존재했는가?'라는 질문은 이론을 이해하는 본질일 수 있다. 미디어가 없던 시절에도 인간들은 사랑을 했다. 그러나 그 사랑은 종종 운명보다는 생존과 결합되어 있었고, 개인적인 감정보다 사회적 의무나 가족적 결정이 더 큰 영향을 미쳤을 것이다. 고대 문학, 민담, 편지문, 민요 등을 통해 보면, 그 시절의 연애는 지금과는 다르게, 표현이 간접적이었고, 감정보다 신분, 가문, 책임이 중요했으며, '썸'이나 '데이트' 같은 개념은 희박했다는 것으로 해석될 수 있다. 이는 사랑은 있었지만, 그 심리적 패턴을 해석하고 공유하고 이상화하는 체계는 지금보다 훨씬 덜 정제되고, 구체화되지 않았다는 것이다.

그렇다고 해서 우리가 무비판적으로 미디어에 길들여지기만 하는 존재는 아니다. 사실, 사랑과 이별의 콘텐츠를 우리는 능동적으로 '찾아보기도' 한다. 이 지점에서 미디어 수용자를 보다 주체적으로 바라보는 이용과 충족 이론(Uses and Gratifications Theory)이 함께 고려될 수 있다. 사람들은 자신의 감정 상태에 따라 미디어를 선택하고, 그로부터 위로, 공감, 해소, 또는 회피의 감정을 얻을 수 있다는 것이다. 예컨대 이별 후 슬픈 노래를 반복 재생하거나, '극적인 재회'를 다룬 드라마를 다시 보는 행동은, 단지 미디어에 의해 계발된 감정의 결과라기보다 내가 느끼는 감정을 더 깊이 이해하고자 하는 시도이기도 하다. 결국 문화배양이론이 말하는 '사회적 감정의 학습'과 이용과 충족 이론이 말하는 '감정의 자기 충족 욕구'는, 사랑이라는 심리적 장면 속에서 맞물려 작동하는 두 개의 톱니바퀴일 수도 있다. 문화배양이론은 미디어를 통한 인간들의 인지와 사고력, 혹은 감정에 대한 환상을 깨자는 이론이 아니다. 오히려 우리는 이 이론을 통해 "이 사랑의 감정은 누구의 대본에서 온 것인가?"를 질문할 수 있다는 것이다. 그래서 나와 너 사이에 오가는 말, 표정, 온기야말로 어떤 대본보다 진실하다는 걸 자각하는 순간, 우리는 진정한 연애를 시작할 수 있다. 사랑도, 이별도, 스크립트가 아니라 살아 있는 지금 이 순간의 감정이다. 그것을 우리가 직접 말하고 써 내려갈 수 있을 때, 미디어가 아닌 우리 자신의 언어로 사랑할 수 있을 때, 우리는 문화의 배양을 넘어서 진짜 인간으로 서로를 마주하게 될 수 있다.

"오래 노출된 사랑의 이미지들은 결국 우리가 사랑을 기대하고 상상하는 방식까지 천천히 빚어낸다."

연결, 소속,
그리고 확산의 심리학

사랑은
두 개인의 감정을 넘어
'관계가 흐르는 사회'의 산물

사람의 감정은 언제나 사회적 연결 속에서 움직인다.

두 사람이 만나고 사랑을 나누는 과정 또한 그들의 관계망 안에서 조용한 영향을 주고받는다.

2단계 유통 이론은 우리가 정보를 직접 받는 것이 아니라,

누군가를 거친 '해석된 메시지'를 통해 관계를 이해한다는 사실을 일깨운다.

개혁확산이론과 사회인지이론은 사랑의 방식조차 사회적 모방과 확산에 의해 변화한다는 점을 설명한다.

우리는 혼자가 아니다.

사랑을 어떻게 정의할지, 무엇을 불안이라고 느낄지,

어떤 행동을 '상대의 관심'으로 해석할지조차 우리가 속한 집단의 정체성과 규범의 영향을 받는다.

이 장에서는 관계가 사회적 구조 속에서 어떻게 의미를 확장하며, 두 사람의 감정이 더 큰 흐름으로 편입되는 방식을 살펴본다.

1. 2단계 유통 이론
Two-Step Flow of Theory
관계의 메시지는 늘 누군가를 거쳐 전달된다

폴 라자스펠드
Paul Lazarsfeld(1901~1976)

꽃잎이 전하는 고백의 향기, 마음은 언제나 곧장 가지 않을 수 있다. 사랑은 때때로 직선으로 흐르지 않는다. 마음이 마음을 향해 곧장 달려간다고 믿지만, 실은 그 마음은 어디선가 스며들어 전해지고, 누군가를 경유해 도달하는 경우가 의외로 많다. 이때 우리가 유추해 볼 수 있는 개념이 있다. 그것은 미디어 효과이론에서 출발했지만, 인간관계의 심연에서도 유효한 구조로 작동하는 '2단계 유통 이론(Two-Step Flow Theory)'이다. 1940년대, 미국의 사회학자 폴 라자스펠드는 대통령 선거를 앞둔 유권자들의 의사결정이 언론 보도가 아니라, '주변 사람들의 말'을 더 많이 따른다는 점을 밝혀냈다.

매스미디어는 모든 대중에게 직접적으로 영향을 미치지는 않는다. 먼저 '의견 지도자(Opinion Leader)'라 불리는 중간 매개자가 메시지를 수용하고 해석한 후, 그것이 대중에게 전달될 수 있다는 것이 바로 2단계 유통이론이다. 마치 향기가 꽃에서 나와 바람을 타고 누군가의 코끝에 닿듯, 정보도 감정도 누군가의 체온을 거쳐 우리에게 올 수 있다는 것이다.

연애는 직거래가 아닐 수 있다

우리는 사랑에 있어 직접성을 가장 낭만적인 방식이라 믿지만, 실제로는 그보다 복잡한 '감정 유통망' 속에 있다. 예컨대, 남자가 어떤 여자를 좋아하게 되었을 때, 그 감정은 그녀에게 직접 표현되지 않는다. 먼저 친구에게, 혹은 그 사람의 친구에게 흘러간다. "그 사람, 너 좀 신경 쓰는 것 같더라."

이 한마디는 정제된 정보이며, 감정의 뉘앙스를 조율한 채 전달된다. 마치 제품 광고가 광고주가 아닌 인플루언서에 의해 소개되는 방식과 유사하다. 그 전달자에 따라 사랑은 아름다워지기도 하고, 찌그러지기도 한다. 이때 중요한 것은, 중간에 선 사람, 즉 '감정의 매개자'가 해석의 권력을 가진다는 점이다. 그는 원래 감정의 방향을 휘거나 조율할 수 있다. 애정은 '직거래'가 아니라 '간접 수급'이며, 연애는 정보보다 맥락의 게임에 가깝다.

플라톤의 그림자 연애

고대 철학자 플라톤은 동굴의 비유를 통해 우리가 보는 세계는 본질의 그림자에 불과하다고 했다.

연애에서도 마찬가지다. 상대에 대한 감정은 종종 그 사람 자체보다, 그 사람에 대한 '소문', 이미지, 해석된 이야기를 통해 만들어질 수 있다는 것이다. SNS상에서 좋아하는 사람을 팔로우하며, 그가 좋아하는 책, 장소, 음식들을 '의견 지도자'들 즉, 친구의 피드백, 댓글, 유튜브 콘텐츠를 통해 수용하고 있는 것이다. 연애 감정조차 2단계 유통 구조 속에서 사회화된 채 등장하는 경우가 있다. 직접 보는 사랑이 아닌, 중계된 감정을 사랑하는 경우도 있다는 것이다. 누군가의 눈을 통해, 입을 통해, 시선을 통해 만들어진 사랑. 이 얼마나 문명적이고, 동시에 기묘한 현상인가.

질투의 메신저, 사랑의 번역가

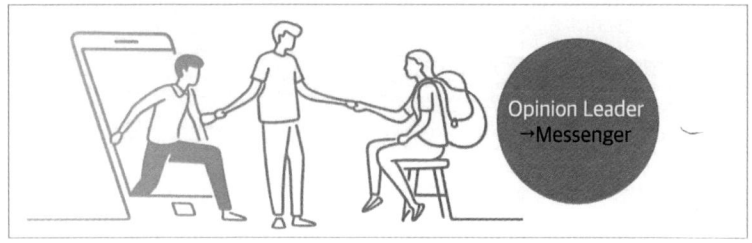

2단계 유통이론에서 '의견 지도자'는 신뢰와 영향력의 상징이지만, 연애에서는 이 중간자가 감정의 조작자 혹은 방해꾼이 될 수도 있다. 고백을 도와준다며 감정을 왜곡하거나, 상대의 감정을 희석시켜 전달하는 경우가 그것이다. 중간자가 가진 감정이 개입되면 정보는 더 이상 중립적이지 않다. 질투, 열등감, 애정의 잔여물은 원래 메시지의 진위를 흐리고, 사랑의 진심을 편집하고 유통한다. 이때 사랑은 정보로서 손상되며, 도착한 감정은 발신자의 것과 전혀 다를 수 있다.

사랑은 지금 이 순간도 여전히 간접적이다

우리는 사랑을 직면하지 않는다. 현대의 연애는 '마음 → 마음'이 아닌, '알고리즘 → 감정매개자 → 피드백 → 자아'라는 경로를 타고 흘러들어 갈 수 있다. 감정은 점점 더 많은 '유통 단계'를 거치며, 사랑의 형태는 정보화되고, 사회화되며, 다단계적으로 퍼진다. 이를테면, 누군가에게 호감을 느끼는 순간조차 자율적이지 않다. 예를 들어보자. A는 SNS에서 B의 사진을 우연히 보게 된다. 그 사진은 B의 친구 C가 올린 단체사진 속 일부였다. A는 B가 누구인지도 모른 채, C의 말 한마디 "얘, 진짜 성격 좋아"에 B에게 흥미를 갖는다. 그러다 공통 친구의 피드에서 다시 B의 모습이 스치듯 나타나고, 결국 A는 B를 팔로우하고, DM을 보내게 된다. 이 관계의 시작은 B의 존재 자체가 아니라, B의 '경유된 이미지'였다. 즉, 어떤 사랑의 충동은 직접적 접촉이나 경험에서 비롯된 것이 아니라, 친구의 필터, SNS의 알고리즘, 집단적 반응이라는 다단계 유통망 속에서 형성될 수도 있다는 것이다.

이 구조는 단순한 낭만을 넘어, 철학적 문제를 제기한다. "나는 그 사람 자체를 사랑한 것인가, 아니면 타인의 시선과 사회적 추천이 만들어낸 상(像)을 사랑한 것인가?" 이처럼 현대의 연애는 여러 개의

'감정 도관(導管)'을 거쳐 전달되는 다층적 커뮤니케이션이다. 좋아요 수가 많을수록 매력적이라고 느끼고, 댓글이 긍정적일수록 신뢰를 얻으며, 팔로워가 많은 사람은 더욱 쉽게 사랑받는다. 이 모든 것은 개인의 존재보다 존재를 둘러싼 사회적 해석이 더 큰 영향을 미치는 구조다. 이는 단순히 기술의 개입만이 아니다. 사랑이라는 감정이 더 이상 '개인적인 진심'이 아니라, '사회적으로 조율된 감정'으로 재정의되고 있다는 점에서 문화적인 변화를 말해준다.

결국, 사랑은 여전히 간접적이다

더 정교하게, 더 교묘하게, 더 사회적으로 경유된다. 우리는 사랑을 시작할 때조차 혼자가 아니다. 사랑은 이제, 네트워크 속 공동창작물이다. 그리고 우리는 경유된 감정을 사랑하기도 한다.

결국 2단계 유통이론은 단순한 커뮤니케이션 구조를 넘어, 인간이 정보를 어떻게 신뢰하고 수용하는지를 설명하는 철학이다. 우리는 직접 전해지는 진실보다, 누군가를 거쳐오는 이야기 속에서 더 많은 것을 믿는다. 감정도 마찬가지다. 연애는 종종 '중간자의 얼굴'을 한 사랑이다. 진심은 누구의 입에서 나왔는가? 진심은 누구의 필터를 거쳤는가?

우리는 직접 사랑하지 않는다. 우리는 누군가를 통해, 누군가처럼, 누군가에 의해 사랑한다.

이 글을 읽는 당신이 혹시 누군가를 사랑하고 있다면, 묻고 싶다.

그 마음은 정말 당신의 마음인가? 아니면, 누군가가 당신 안에 놓고 간 감정의 파편은 아닌가?

"사랑의 메시지와 감정은 언제나 누군가의 해석과 경험을 거쳐 더 큰 의
미로 전해진다."

2. 개혁확산이론
Diffusion of Innovations Theory
새로운 방식의 사랑은 천천히, 하지만 확실히 퍼져나간다

에버렛 로저스
Everett Rogers(1931~2004)

사랑은 새로운 감정만이 아니라 새로운 방식을 배워가는 과정이다

사람이 사랑에 빠질 때 가장 먼저 떠올리는 것은 감정의 세기지만, 사실 사랑의 본질은 '새로운 방식을 익히는 과정'에 더 가깝다. 서로 다른 삶을 살아온 두 사람이 각자의 습관과 표현 방식, 감정 처리법을 조금씩 바꾸며 서로에게 적응해가는 과정이 바로 사랑의 리듬을 만들어낸다.

처음에는 익숙지 않던 감정 표현이 어느 순간 자연스러워지고, 불편했던 소통 방식이 시간이 지나면 둘만의 언어로 자리 잡는다. 새로운 감정의 방식이 자리 잡는 데는 항상 시간이 필요하고, 그 시간의 속도는 사람마다 다르다. 이 변화의 흐름을 정확히 설명하는 이론이 바로 개혁확산이론이다.

에버렛 로저스가 발견한 '새로운 것이 퍼지는 방식'

개혁확산이론(Diffusion of Innovations Theory)은 커뮤니케이션학자 에버렛 로저스(Everett M. Rogers)가 1962년 발표한 이론에서 출발한다. 그는 새로운 기술이나 아이디어가 사회에 퍼지는 과정을 추적하며, 사람들은 새로운 것을 받아들이는 속도와 태도에서 뚜렷하게 구분되는 패턴을 보인다고 설명했다.

누군가는 가장 먼저 변화를 탐색하고,

누군가는 신중하게 지켜보다가 따라가며,

또 누군가는 끝까지 낯선 방식을 거부한다.

새로운 물건에만 적용되는 것이 아니라 문화, 사고방식, 관계의 방식에도 그대로 반복되는 패턴이었다. 흥미로운 점은 이 확산의 과정이 두 사람의 사랑을 배워가는 과정에도 정확히 투영된다는 사실이다.

연애는 '새로운 방식을 받아들이는 속도'에서 갈림길이 생긴다

연애 초반, 한 사람은 감정 표현에 익숙하고, 다른 사람은 조심스럽고 낯설어하는 경우가 많다.

감정을 먼저 말하려는 사람은 새로운 방식의 시도를 즐기는 '혁신 수용자'와 닮아 있고, 다른 한 사람은 감정을 천천히 탐색하는 '조기 수용자' 혹은 '전기 다수자'의 모습과 닮아 있다.

예를 들어, 연애에 서툰 남자가 있다고 하자.

그는 짧은 표현 하나에도 많은 생각을 거친다.

사랑한다는 말이 너무 무겁게 느껴지고, 연락을 자주 하는 것이 부담일까 고민하며 하루에도 여러 번 메시지를 지웠다 다시 쓴다.

반면 상대 여성은 자주 감정을 표현하는 사람으로, 자신의 마음을 숨기지 않고 적극적으로 말하는 유형이다. 엽서 같은 메시지를 보내고, 사진을 공유하며, 사소한 감정도 나누고 싶어 한다.

이때 두 사람은 서로의 표현 방식이 다르다는 것을 알지만, 그 차이가 '속도의 차이'라는 사실을 깨닫기까지 적지 않은 시간이 필요하다.

로저스가 말한 '확산의 속도'처럼, 사랑에서도 표현과 소통의 방식은 서로 다른 속도로 자란다.

때때로 갈등은 감정의 문제가 아니라 '습관의 혁신 속도' 때문이다

문제는 한 사람이 새로운 소통 방식을 금세 받아들이는 데 반해 다른 사람은 그 변화를 불안으로 느끼는 경우다.

예를 들어, 여성은 상대가 하루에 몇 번의 연락을 주고받는 것이 자연스러운데, 남성은 하루 한두 번의 연락도 충분하다고 생각할 수 있다. 여성은 이 차이를 감정의 크기로 받아들이지만, 남성 입장에서는 단지 '연락하는 방식의 습관'이 다를 뿐이다.

이때 갈등은 "누가 더 사랑하느냐"가 아니라 "누가 새로운 방식을 더 빨리 익히느냐"에서 시작된다.

또 어떤 커플은 갈등을 대하는 방식에서 지연이 생긴다.

한 사람은 문제가 생겼을 때 바로 대화하려 하고, 다른 사람은 시간을 두고 차분히 해결하고 싶어 한다.

이것 역시 문제 해결 능력의 차이가 아니라 '새로운 갈등 해결 방식'을 받아들이는 속도의 차이다.

로저스의 이론처럼 사랑 속 혁신도 급하게 받아들이는 사람이 있고 천천히 따라가는 사람이 있으며 경우에 따라 끝까지 익숙해지지 않는 사람도 있다.

변화는 서두를수록 멀어지고, 기다릴수록 스며든다

개혁확산이론의 진짜 핵심은 '모든 사람은 언젠가 변한다'는 희망이 아니라 '모든 변화에는 적절한 속도와 시간이 있다'는 사실이다.

연애도 마찬가지다.

사랑을 표현하는 방법, 상대의 감정을 이해하는 방식, 다툼을 해결하는 태도, 사소한 부탁을 주고받는 순서까지 모든 것은 시간이 흘러야 자연스러워진다.

어떤 사람에게는 감정 표현이 하나의 혁신이다.

어떤 사람에게는 소통의 방식이 혁신이다.

또 어떤 사람에게는 상대에게 맞춰 자신의 습관을 바꾸는 것이 작은 혁명이 된다.

사랑에서 중요한 것은 상대가 새로운 방식을 받아들이는 속도를 자신의 속도와 같다고 착각하지 않는 것이다. 서로 다른 속도를 인정하는 순간, 관계는 훨씬 더 부드럽게 흘러간다.

새로운 사랑의 방식은 결국 서로에게 천천히 스며든다

로저스는 혁신은 절대 한 번에 퍼지는 것이 아니며 작은 변화를 누군가가 먼저 시도하면 그 변화가 주변 사람들에게 천천히 확산된다고 말한다.

사랑에서도 한 사람이 먼저 부드러운 표현을 시도하면 상대도 언젠가는 그 표현을 닮아간다.

한 사람이 감정을 열어 말하는 방식을 배워가면 상대 역시 그 공간 안에서 조금씩 마음을 열기 시작한다. 변화는 작은 씨앗처럼 시작해 어느 순간 둘 사이의 언어와 습관을 바꾼다. 사랑에서 혁신은 거대한 사건이 아니라 작은 시도들이 천천히 쌓여 이루어진다.

그리고 그 변화는 느리지만 가장 확실한 방식으로 둘 사이에 스며든다.

"사랑의 변화는 한 사람의 빠른 속도가 아니라, 서로 다른 속도를 인정할 때 비로소 자연스럽게 확산된다."

3. 사회인지이론
Social Cognitive Theory
우리는 상대의 행동을 관찰하며 사랑의 방식을 배워간다

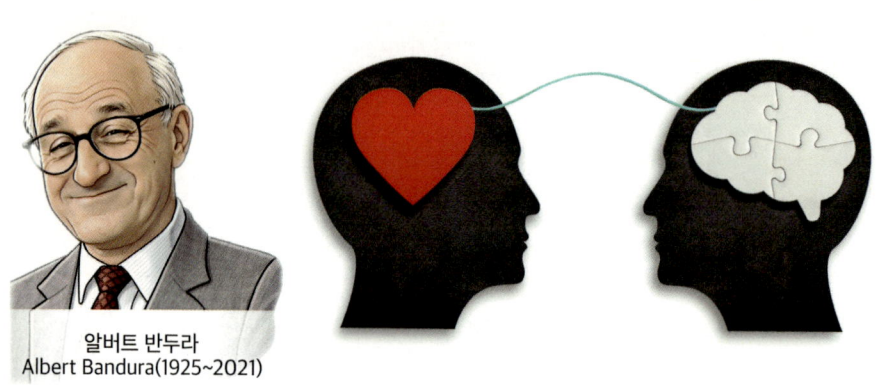

알버트 반두라
Albert Bandura(1925~2021)

　사람은 태어날 때부터 행동의 지혜를 가진 존재가 아니다. 심리학자 알버트 반두라(Albert Bandura)는 인간이 세상을 살아가는 방식, 더 나아가 '사랑하는 방식'까지도 주변을 통해 학습된다고 보았다.

　그가 제시한 사회인지이론(Social Cognitive Theory)은 인간 행동의 형성과 변화가 개인의 인지적 요소(신념, 기대, 감정 등), 행동 그 자체, 그리고 환경적 요인(사회적 상황, 주변 인물, 보상 등)의 상호작용을 통해 이루어진다고 설명한다. 이 이론은 전통적 행동주의가 강조한 '자극 → 반응'의 단선적인 도식을 넘어서, 인간을 능동적이고 자기조절 가능한 존재로 재정의한다.

사회인지이론의 핵심 요소 네 가지

- 첫째, 상호결정론(Reciprocal Determinism)은 개인, 행동, 환경이 서로 영향을 주고받는 복합 구조를 말한다.
- 둘째, 모델링(Modeling)은 타인의 행동과 그 결과를 관찰함으로써 학습이 이루어지는 과정으로, 단순한 모방이 아닌 인지적 처리와 행동의 재현을 포함한다.
- 셋째, 자기효능감(Self-Efficacy)은 '나는 이 행동을 할 수 있다'는 믿음으로, 도전과 지속성에 깊은 영향을 미친다.
- 넷째, 기대 결과(Outcome Expectations)는 특정 행동이 가져올 결과에 대한 신념으로, 행동을 유발하거나 회피하게 만드는 중요한 요인이다.

이 이론은 교육, 건강, 조직, 광고 등 다양한 분야에 적용되어 왔지만, '연애'라는 인간 경험의 가장 섬세하고 감정적인 영역이 어떤 방식으로 작동하는지를 살펴보는 것 또한 의미가 있을 수 있다. 우리는 어떻게 사랑을 배우고, 또 왜 어떤 사랑은 지속되며 어떤 사랑은 실패하는가? 이 질문에 대한 단서는, 우리가 누구를 보고 사랑을 배워왔는지, 그리고 그 과정을 어떻게 인식하고 반복해 왔는지를 이해하는 데서 시작된다.

사랑은 모방으로부터 시작된다

사람들은 종종 말한다. "나는 사랑을 배운 적이 없어." 하지만 정말 그럴까? 누구나 태어날 때부터 연애에 대한 감각을 갖고 태어나지는 않는다. 오히려 우리는 부모의 관계, 드라마 속 연인, 친구의 썸 이야기, 심지어 SNS 속 커플들의 사진을 통해 사랑이란 무엇인지 '관찰'하며 배운다. 이는 사회인지이론에서 설명하는 모델링(Modeling) 개념과 깊이 닿아 있다. 인간은 타인의 행동을 관찰하고, 그 결과를 내면화하며, 자신의 행동을 형성해간다. 사랑 또한 예외는 아니다.

너를 바라보며, 나를 배운다

모델링이란 타인의 행동을 관찰하고, 그 의미를 인지적으로 처리한 후, 필요에 따라 행동으로 재현하는 과정을 말한다. 연애 초기에 유독 '연애 잘하는 친구'를 흉내 내듯 행동하는 것도 일종의 모델링이다. 우리는 '이런 말투가 통하더라', '이런 타이밍엔 연락을 하지 않는 게 낫더라'는 식의 행동을 주변을 통해 학습한다. 이 과정에서 중요한 것은 어떤 모델을 선택하느냐다. 사람들은 대개 자신이 되고 싶어 하는 사람, 혹은 비슷한 상황에 처한 인물을 모델로 삼는다. 그래서 자신감 있는 친구의 연애 방식은 부러움과 함께 무의식적인 학습 대상이 되며, 그 사람의 말투, 대화 방식, 데이트 패턴이 나의 행동으로 이어지기도 한다. 결국 연애란, 타인을 통해 나 자신을 구성해가는 일종의 사회적 학습인 셈이다.

기대라는 이름의 사랑 연습

사회인지이론은 모델링 외에도 행동에 대한 결과 기대(Outcome Expectations)를 중시한다. 특정 행동이 어떤 결과를 낳을지를 예측하는 것은, 인간의 행동 선택에 있어 매우 중요한 기준이다. 연애에서도 마찬가지다. "내가 이런 말을 하면, 상대는 기뻐할 것이다." "이 타이밍에 연락하면 역효과일 것이다."와 같은 계산은 모두 기대 결과에 기반한 판단이다. 연애 초기의 수많은 행동(첫 톡, 칭찬, 데이트 제안 등)은 일종의 실험이며, 그 결과를 바탕으로 다음 행동이 조정된다. 이러한 조정은 단순히 '눈치 보기'가 아니라, 경험을 통한 행동 수정이며, 이 역시 반두라가 말한 사회적 학습의 일환이다. 사랑은 반복되는 기대와 실패, 그리고 다시 시도하는 용기를 통해 완성되는 것이다.

사랑에도 자신감이 필요하다

사랑에서 '자기효능감'은 우리가 흔히 말하는 '연애 자존감'과 연결된다. 누군가는 사랑에 자신 있어 보이고, 또 누군가는 "나는 안될 거야"라는 마음에 늘 주저한다. 사회인지이론은 이런 차이를 '자기효능감'의 차이로 설명한다. 자기효능감은 성공 경험, 주변 사람의 격려, 비슷한 사람의 성공 사례(대리 경험), 그리고 자신의 감정 상태 등에 의해 형성된다. 예를 들어, 한두 번의 긍정적인 데이트 경험은 "나는 괜찮은 사람이다"라는 신념을 강화시킨다. 반대로 반복된 거절이나 연애 실패는 자기효능감을 떨어뜨려 다음 시도의 동기를 약화시킬 수 있다. 건강한 연애는 단지 좋은 상대를 만나는 것만이 아니라, 나 자신에 대한 믿음을 회복하고 강화하는 과정이기도 하다.

사랑은 혼자가 아니라 함께 배워가는 것

사회인지이론은 인간 행동을 개인, 행동, 환경이라는 세 요소의 상호작용으로 본다. 연애라는 관계 또한 이 세 가지 요소의 역동 속에서 형성되고 유지된다. 나의 성향이나 감정 상태(개인), 실제로 표현되는 말과 행동(행동), 그리고 상대의 반응이나 사회적 상황(환경)은 끊임없이 서로 영향을 주고받는다. 이런 구조 속에서 우리는 관계를 통해 자신을 확인하고, 또 상대를 변화시키기도 한다. 나의 작은 표현 하나가 상대의 감정과 행동을 바꾸고, 그 반응이 다시 나에게 영향을 준다. 즉, 연애란 두 사람의 끊임없는 피드백 루프 속에서 형성되는 살아 있는 시스템이다.

사랑은 타인을 통해 나를 배우는 여정이다

사랑은 타인을 통해 나를 배우고, 나를 통해 다시 타인에게 영향을 주는 정교한 감정의 시스템이다.

사회인지이론은 이를 단순한 이론으로 설명하지 않는다. 오히려 그것은 우리가 살아오며 무수히 반복해온 관계의 경험을 학문적 언어로 구조화한 것이다. 지금의 연애가 어렵게 느껴진다면, 그 안에 숨어 있는 학습의 흔적들을 찾아보자. 나는 누구를 통해 사랑을 배워왔고, 어떤 행동을 반복하며 어떤 결과를 기대하고 있는가? 이런 질문은 단지 반성을 위한 것이 아니다. 그것은 우리가 조금 더 성숙한 사랑, 조금 더 나다운 관계를 선택하기 위한 출발점이 될 수 있다.

"사람은 상대의 행동을 지켜보며 사랑의 방식을 배우고, 그 배움이 다시 행동으로 되돌아온다."

4. 사회정체성이론
Social Identity Theory
"우리는 누구인가"가 "나는 너를 어떻게 보는가"를 정한다

헨리 타즈벨
Henri Tajfel
(1919~1982)

존 터너
John Turner
(1947~2011)

　사람은 단지 '나'로 존재하지 않는다. 언제나 우리는 누군가와 함께, 또는 누군가와 나뉜 채 살아간다. 사회정체성이론(Social Identity Theory, 이하 SIT)은 이러한 존재 방식을 설명하는 사회심리학의 대표적 이론이다. 이 이론은 1970년대 사회심리학자 헨리 타즈펠(Henri Tajfel)과 존 터너(John Turner)에 의해 제안되었으며, 인간이 어떻게 자신을 사회 속에서 인식하고, 집단에 속함으로써 자존감과 정체성을 형성하는지를 밝히고 있다. SIT는 세 가지 핵심 과정을 중심으로 구성된다.

- 첫번째는 사회적 분류(Social Categorization)이다. 인간은 무의식 중에 자신과 타인을 다양한 범주로 나눈다. "나는 한국인이다", "그 사람은 외국인이다", "우리는 팀원이다"와 같은 식의 분류는 우리 일상 속에 스며들어 있다.

- 두번째는 사회적 동일시(Social Identification)이다. 우리는 자신이 속한 집단의 특성을 자신의 일부로 받아들이며 정체성을 구성한다. 어느 조직, 어느 국적, 어떤 취향을 갖는다는 사실은 단순한 사실을 넘어서 '나'라는 존재의 설명이 된다.

- 마지막으로 사회적 비교(Social Comparison)이다. 자신이 속한 집단을 다른 집단과 비교하며 자긍심을 형성한다. "우리는 더 세련됐다", "우리 학교가 더 낫다"는 말에는 비교와 경쟁을 통한 심리적 우위 확보가 숨어 있다.

이 세 단계는 단순히 집단 간 갈등을 설명하는 도구가 아니다. 그것은 인간이 관계 속에서 어떻게 자아를 확립하며, 어떤 심리적 기제를 통해 자신의 존재를 구성하는지를 보여주는 존재론적 지도다.

그리고 이 이론은 다소 의외의 방식으로, 우리가 '사랑'이라고 부르는 친밀한 관계를 이해하는 데에도 강력한 통찰을 제공한다.

사랑의 시작은 '우리'의 탄생이다

연애는 어느 날 갑자기 시작되지 않는다. 두 사람은 서로를 알아가며 '너'와 '나'라는 경계를 허물고, 조용히 '우리'라는 집단을 만들어간다. "우리 둘만 아는 노래", "우리만 가는 장소", "우리만의 방식", 사랑은 그렇게 관계적 정체성을 만들어낸다. 이것은 SIT의 첫 번째 단계인 사회적 분류와 정확히 맞닿아 있다. 연인은 무의식적으로 세상을 '우리 커플'과 '나머지 사람들'로 나누며, 고유한 소속감을 구성한다.

나의 일부가 너라는 자아의 확장

사랑이 깊어질수록 우리는 상대방과 심리적 동일시를 경험한다. 그 사람의 기쁨이 내 기쁨이 되고, 그 사람의 아픔은 나의 고통이 된다. 이는 SIT에서 말하는 두 번째 단계, 사회적 동일시의 연애적 표현이다. 연애는 '타인'이었던 존재가 '자기'로 스며드는 사건이다. 이때 우리는 단순히 함께 있는 것이 아니라, 서로의 자아에 들어가 거주하기 시작한다.

이것이 곧 연애가 갖는 가장 강력한 감정적 에너지다.

'우리는 다른 커플보다 나을까?'라는 비교 심리

현대 연애는 수많은 커플 사진과 SNS 속 관계의 풍경 속에서 이루어진다. 그 속에서 우리는 끊임없이 우리의 연애를 다른 사람들과 비교하게 된다. "저 커플은 자주 여행을 다니네", "우리는 그런 이벤트를 못 해봤는데", 이러한 심리는 SIT의 사회적 비교 메커니즘이 연애 심리 속에서 작동하는 사례다. '우리 커플이 다른 커플보다 더 특별하다'는 확신은 사랑의 자긍심을 지켜주는 심리적 버팀목이 된다.

사랑이 흔들릴 때의 정체성 방어

연애가 흔들리는 순간, 우리는 단지 감정의 불일치를 경험하는 것이 아니다. 그보다는 '우리'라는 정체성이 위협받는 감각을 느낀다. "우리는 이런 걸로 싸울 사이가 아니야." 이 문장은 사실 사랑의 감정보다 더 깊은 차원, 정체성의 위기를 부정하는 선언이다.

사회정체성이론은 집단 정체성의 위협에 대해 사람들이 방어기제를 작동시킨다고 말한다.

연애도 마찬가지다. 사랑이 끝날 위기에 처했을 때, 사람들은 '관계 그 자체'를 지키려 애쓴다. 그것은 결국 '나'의 일부이기 때문이다.

사랑은 정체성의 공동 창작

연애는 감정의 고백이 아니다. 그것은 '나'와 '너'가 '우리'라는 집단적 정체성을 만들어가는 이야기다. 그 안에서 우리는 서로의 언어를 배우고, 상처를 공유하며, 자아를 교차시킨다. 타즈펠과 터너가 말한 사회정체성이론은, 사랑을 새롭게 바라보는 렌즈가 되어준다. 우리는 왜 사랑에 빠질까? 왜 사랑은 상처를 남기고도 소중할까?

그 이유는 아마도, 사랑이 단지 '감정'이 아니라 존재의 일부를 나누고, 공동의 정체성을 함께 짓는 서사이기 때문일 것이다.

"우리가 어떤 집단에 속한다고 느끼는가가, 결국 누구를 사랑하고 어떻게 사랑할지를 조용히 규정한다."

디지털 세계의 사랑

: 알고리즘과 감정의 충돌

온라인 세계는
우리의 친밀성까지 재편한다

오늘날의 사랑은 온라인 환경과 분리될 수 없다.

알고리즘은 우리가 어떤 관계를 더 선호하는지 추정하며 선택지를 제한하고,

필터버블은 나와 비슷한 감정만을 반복적으로 노출시켜 관계의 다양성을 좁힌다.

에코챔버는 비슷한 견해만 반향시키며 감정의 극단화를 부추기고,

간섭이론은 기억과 감정의 충돌이 디지털 기록 속에서 더욱 강화된다는 사실을 보여준다.

이제 우리는 '상대 그 자체'가 아니라

'디지털 환경이 만들어낸 상대의 이미지'를 먼저 만나게 된다.

이 장은 SNS 시대의 연애가 어떤 방식으로 왜곡되고,

어떤 방식으로 새로운 친밀성을 만들어내는지를 분석한다.

1. 필터버블
Filter Bubble
알고리즘이 만들어준 세계에서 자기만의 사랑 기준이 강화된다

엘리 파리저
Eli Pariser(1980~)

　연애는 '나'와 '타인'이 마주하는 가장 섬세한 관계의 무대이다. 서로를 사랑한다고 말하지만, 우리는 진짜 '그 사람'을 사랑하고 있는 것이 아니라, '내가 보고 싶은 그 사람'을 사랑하고 있을지도 모른다. 이 질문의 배경에는 정보화 시대의 대표적 개념인 '필터버블(Filter Bubble)'이 자리하고 있다.

　필터버블은 본래 디지털 환경 속 정보 소비의 왜곡 현상을 설명하는 개념이지만, 연애라는 심리적 공간에서도 놀라울 만큼 정교하게 작동하고 있는 현상이다.

필터버블이란 무엇인가

필터버블(Filter Bubble) 효과란 디지털 미디어 환경에서 개인화 알고리즘이 작동함으로써 이용자가 자신의 성향이나 관심에 부합하는 정보만 지속적으로 접하게 되는 현상을 말한다. 이 개념은 2011년 미국의 기술 사상가 엘리 파리저(Eli Pariser)가 『Filter Bubble: What the Internet is Hiding from You』라는 저서를 통해 제시하며 널리 확산되었다. 필터버블은 검색엔진, SNS, 뉴스 포털 등에서 사용자 데이터를 바탕으로 맞춤형 콘텐츠를 제공하는 구조에서 비롯되며, 개인은 자신이 선호하는 정보만 접하게 되고, 반대되는 시각이나 이질적인 관점을 접할 기회는 점차 사라지게 된다. 이러한 정보 선택의 자동화는 사용자가 '안전하고 익숙한 정보 공간'에 머물고 있다고 느끼게 만들지만, 실상은 자신의 기존 신념을 강화하는 방향으로만 정보가 공급되어 인식의 다양성이 차단되는 구조를 형성한다. 특히 이는 정치, 사회, 문화적 이슈에 대한 균형 잡힌 시각 형성을 방해하며, 정보의 다원성과 민주적 공론장의 기능을 약화시키는 결과로 이어진다. 사용자는 자신이 옳다고 믿는 신념을 반복적으로 확인받고, 점차적으로 다른 의견을 '틀렸다'고 간주하는 인지적 폐쇄성에 빠지게 되며, 결국 사고의 유연성과 타자에 대한 수용 가능성이 줄어들게 된다. 이처럼 필터버블 효과는 개인의 정보 소비를 보다 편리하게 만들려는 알고리즘 기술이 오히려 사회 전체의 정보 생태계를 왜곡시키는 역설적 결과를 낳고 있다. 정보가 많다는 것은 곧 자유로운 선택을 의미하지 않으며, 알고리즘은 그 자유를 보이지 않게 조율하는 조력자인 동시에 검열자 역할을 하기도 한다. 비판적 지식인들과 정보윤리 연구자들은 필터버블을 현대 정보사회가 직면한 가장 은

밀한 위험요소 중 하나로 지목하며, 이는 사용자의 자율성을 잠식하고, 비판적 사고 능력을 마비시키며, 사회적 갈등과 이념의 분극화를 촉진한다고 주장한다. 특히 미디어 감수성이 낮은 청소년이나 디지털 네이티브 세대는 그 영향을 더 직접적으로 받게 되며, 혐오 표현, 음모론, 극단적 세계관의 무비판적 수용과 확산이 필터버블을 통해 가속화될 수 있다. 더욱이 많은 사용자는 이 현상을 인식하지 못하거나 오히려 '나에게 필요한 정보만 보면 되는 것 아니냐'는 식의 순응적 태도를 보이며, 이로 인해 정보 소비에 대한 주체적 비판이 사라지는 현상이 발생한다. 필터버블은 단순한 정보량의 문제가 아니라, 정보의 구조화와 분배, 그리고 수용의 방식에 대한 철학적 질문을 던지는 개념이며, 그것은 우리가 어떠한 현실을 보고, 믿고, 살아가고 있는지를 되묻게 만드는 디지털 시대의 인식론적 과제다. 결국 이 효과는 정보 민주주의의 이상을 되살피고, 알고리즘의 투명성과 공정성을 요구하며, 시민의 정보 리터러시와 사회적 감수성을 재구성해야 할 필연적 이유를 제시해주는 중요한 사유의 출발점이라 할 수 있다.

사랑도 알고리즘을 갖고 있다

놀랍게도 이 필터버블의 원리는 연애 속에서도 유사하게 작동한다. 우리는 상대방을 있는 그대로 바라본다고 믿지만, 실제로는 내면의 기억, 이상형, 과거 경험, 욕망, 트라우마 등 심리적 알고리즘에 의해 타인을 해석하고, 필터링하며, 때로는 과잉 이상화하게 된다. 특히 연애 초기에 우리는 상대에게 무의식적 필터를 덧씌운다. 그의 말투는 센스 있게 느껴지고, 실수는 귀엽게 보이며, 취향의 차이는 운명적 보완재로 인식된다. 이것이 바로 연애 속 필터버블이며, 사랑이 시작되는 순간 우리는 보고 싶은 모습만 보는 심리적 알고리즘 속으로 진입하게 되는 것이다.

필터버블이 관계에 미치는 영향

연애 초기의 필터버블은 감정적 안정감과 설렘을 제공한다. 그러나 시간이 흐르면서 이 거품은 갈등과 오해의 원인이 되기도 한다. 상대의 말투가 무례하게 들리기 시작하고, 예전엔 귀엽던 버릇이 불편하게 다가오며, 닮았다고 느꼈던 차이는 이제는 도저히 수용할 수 없는 간극으로 확장된다. 이러한 변화의 원인은 초기 필터버블이 현실보다 기대를 반영한 것이었기 때문이다. 우리는 상대의 실제 모습보다 내가 바라는 이상을 투영해 관계를 시작했고, 시간이 흐르면서 그 필터가 깨졌을 때 환상과 현실의 괴리는 실망감으로 귀결되게 된다.

연애 속 필터버블의 다섯 가지 유형

연애에서의 필터버블은 감정과 사고의 다양한 편향으로 나타난다.

- 이상화 버블은 "이 사람은 나를 완벽하게 이해해줄 것"이라는 확신을 형성한다.
- 회피 버블은 "그 사람도 언젠간 알아주겠지"라는 희망 속에 불편한 진실을 회피한다.
- 투사 버블은 "내가 이런 사람이니, 저 사람도 비슷할 것"이라는 자의적 동일시를 따른다.
- 보상 버블은 "이 사람과 함께라면 과거의 상처가 치유될 것"이라는 구원의 내러티브를 만든다.
- 동조 버블은 "우리는 생각이 다 같아, 절대 다툴 일이 없을 것"이라는 허구적 일치를 전제한다.

이러한 버블들은 연애 초기에 깊은 몰입과 환상을 제공하지만, 이 버블이 깨질 경우 우리는 종종 상대를 오해하거나, 관계 자체를 회의적으로 해석하게 된다.

어떻게 필터버블을 넘어서야 하는가

연애 속 필터버블을 완전히 제거하는 것은 불가능에 가깝다. 인간은 본질적으로 자기중심적 해석을 통해 타인을 인식하고, 사랑 또한 주관적 기대와 감정을 기반으로 형성되기 때문이다. 그러나 중요한 것은, 그 필터의 존재를 자각하는 태도다. 상대의 말이 불편하게 들릴 때, 그 감정이 과연 상대 때문인지 아니면 내 기대와 어긋난 결과인지를 자문해보는 성찰이 필요하다. 상대를 이해하지 못할 때, 내과거 경험이나 가치관이 그 사람을 왜곡하고 있는 것은 아닌지 돌아보아야 한다. 그리고 무엇보다, 상대의 변화가 관계의 파괴가 아니라 새로운 국면의 시작일 수 있다는 여유를 가져야 한다.

이러한 자각을 통해 우리는 비로소 사랑이 정답을 맞히는 게임이 아니라, 다름을 함께 견디는 기술임을 배우게 된다.

사랑은 필터를 벗겨내는 연습이다

연애 속 필터버블은 때때로 사랑의 문을 여는 열쇠가 되기도 한다. 인간은 처음부터 타인을 있는 그대로 사랑할 수 없기 때문이다. 우리는 자기 기대의 거울을 통해 상대를 바라보고, 그 거울의 반사된 빛을 통해 관계의 온도를 형성한다. 그러나 진정한 사랑은 그 거울을 조금씩 닦아내고, 흠집 난 부분까지도 함께 끌어안으며, 있는 그대로의 타인을 사랑하는 연습을 이어가는 과정이다.

연애는 결국 하나의 깨달음으로 수렴된다.

"내가 사랑하는 것은, 나의 기대가 반사된 환영이 아니라, 나와는 전혀 다른 세계를 지닌 진짜 타인이다." 이 깨달음에 도달하는 순간, 우리는 필터버블 밖으로 나올 수 있다.

그때 사랑은 거품이 아닌, 현실 속에서 호흡하는 관계의 실체가 된다.

"알고리즘이 좁혀놓은 세상 속에서 사람은 자신이 이미 믿고 싶은 방식

의 사랑만을 더 단단히 확인한다."

2. 에코챔버
Echo Chamber

반향되는 의견 속에서 감정은 더 쉽게 극단으로 흐른다

캐스 선스테인
Cass R. Sunstein
(1954~)

캐슬린 홀 제이미슨
Kathleen Hall Jamieson
(1946~)

조지프 카펠라
Joseph N. Cappella
(1948~)

사랑은 감정의 공명에서 시작되는 관계다. 그러나 그 공명이 어느 순간, 반복되는 울림으로만 가득 찬 '닫힌 공간'으로 변질될 때, 연애는 이해가 아닌 왜곡의 메아리로 채워지게 된다. 이 현상은 디지털 커뮤니케이션 환경에서 등장한 '에코챔버(Echo Chamber)' 개념과 깊은 유사성을 보인다. 에코챔버란, 다양한 의견이 필터링된 채 오직 유사한 생각과 신념만 반복되는 공간을 말한다. 이와 같은 구조는 비단 인터넷 속 정보 소비에서만 작동하는 것이 아니라, 사랑이라는 가장 인간적인 관계 속에서도 은밀하게 형성된다.

에코챔버란 무엇인가

에코챔버는 말 그대로 '메아리 방'이다. 내가 던진 말이 되돌아오고, 내가 믿는 것이 다시 나를 확신시키는 구조이다. 주로 SNS나 커뮤니티 안에서 비슷한 생각을 가진 사람끼리 모여 서로의 신념을 강화하면서, 결국 다름에 대한 수용성이 사라지고, 외부 세계와 단절된 신념 공동체가 형성되는 것이다. 이는 단순한 정보 편향을 넘어서, 정서적 확신과 인지적 편향이 결합된 폐쇄적 구조라 할 수 있다. 이러한 반복 구조는 인간에게 심리적 안정감을 제공하지만, 동시에 관계의 다양성과 진실성을 차단한다는 역설을 품고 있다.

사랑도 메아리를 만든다

연애 초기에 인간은 본능적으로 '공명하는 사람'을 찾는다. 내 말에 웃어주고, 나의 감정을 즉각 이해하며, 가치관이 유사한 사람에게 우리는 더 끌리게 된다. 이때 우리는 '공감'이라는 이름의 메아리 속에서 안정감을 느끼고, 그 울림이 사랑의 시작이라고 믿는다. 그러나 이 울림이 지나치게 반복될 경우, 연애는 하나의 에코챔버가 된다. 서로가 원하는 말만 주고받고, 불편한 말은 삼가며, 갈등의 씨앗은 애써 무시한 채 서로의 확신만을 반영해주는 관계는 결국 비판 없는 이상향이 되어버린다.

사랑은 그 자체로 열린 세계여야 하지만, 에코챔버는 관계를 닫힌 의견실로 만든다.

연애 속 에코챔버의 정체

연애 속 에코챔버는 다음과 같은 방식으로 작동한다.

- 의견의 반복: 연인은 서로가 듣고 싶어 하는 말만 선택적으로 나눈다. "그래, 네 말이 맞아." "나도 똑같이 느꼈어."라는 말들이 반복되면서, 두 사람의 세계는 점차 확신의 거품으로 감싸진다.
- 불편한 진실의 침묵: 갈등이 일어날 수 있는 주제는 의도적으로 피하고, 문제 제기는 '분위기 망치는 일'로 간주된다. 결국 서로의 불만은 수면 아래에 가라앉고, 관계는 겉으로는 평온하지만 내면은 고립된다.
- 상호 이상화: '이 사람은 나와 같은 생각을 하고 있다'는 믿음은 종종 허구에 가깝다. 그러나 이 환상이 반복되면서 우리는 진짜 타인을 이해하기보다, 내가 만든 이상과만 대화하게 된다. 이처럼 연애 속 에코챔버는 관계를 '이해의 공간'이 아닌 '확신의 공간'으로 축소시킨다.

사랑의 메아리가 위험해지는 순간

에코챔버는 일정 기간 동안 관계에 평온함을 제공한다. 하지만 연애가 깊어질수록, '차이'는 언젠가 반드시 수면 위로 올라온다. 그 순간, 그동안 쌓여왔던 반복의 울림은 오히려 갈등을 증폭시키는 장치로 작용하게 된다. 예컨대, 한쪽이 처음으로 자신의 진짜 감정을 표현했을 때, 상대방은 그것을 낯설고 위협적인 것으로 느낄 수 있다. 그동안 에코챔버 안에서 쌓아온 '우리는 다 같아'라는 가설이 한순간에 깨지기 때문이다. 그 결과, 갈등은 더욱 극단적인 방향으로 튀거나, 반대로 회피와 단절로 이어지게 된다. 이는 관계의 위기가 아니라, 애초에 균형 잡힌 대화 구조가 없었던 데서 기인한 구조적 오류다.

연애에서 에코챔버를 넘어서기 위한 태도

사랑의 에코챔버를 깨는 일은, 단지 '다툼'을 감수하라는 뜻이 아니다. 오히려 그것은 다름을 수용하고 견디는 대화의 기술을 연습하라는 말에 가깝다. 상대가 나와 다른 의견을 말했을 때, 그것을 '사랑하지 않는 증거'가 아닌 '자기 표현의 방식'으로 이해할 수 있어야한다. 불편한 말일수록 대화로 끌어올 수 있는 용기와, 그 대화를 지켜볼 수 있는 인내가 필요하다. 특히 중요한 것은, 연애 속 '합의'는 진짜 소통의 결과여야지, 반복된 맞장구의 산물이어서는 안 된다는 사실이다. 사랑은 언제나 공감만을 통해 완성되지 않는다. 때로는 오해와 갈등을 통해 '진짜 공명'이 무엇인지 배우는 역설적 경험이 필요하다.

사랑은 울림이 아닌 이해의 공간이다

에코챔버는 우리에게 위안과 친밀감을 제공한다. 그러나 그것이 지나치게 견고해질 경우, 연애는 서로 다른 두 사람의 만남이 아닌 '내가 듣고 싶은 말만 되돌려주는 감정의 거울방'으로 변질된다.

진짜 사랑은 반복되는 메아리 속에서 길을 잃는 것이 아니라, 낯선 음성과의 충돌을 통해 새로운 조화를 만들어가는 과정이다.

사랑은 결국 이런 깨달음으로 귀결된다

"이 사람이 나와 다르다는 것이, 우리를 더 풍부하게 만든다."

이 인식이 자리 잡는 순간, 우리는 울림의 반복이 아닌 대화의 깊이로 관계를 확장할 수 있게 된다.

"반향되는 목소리 속에서는 감정도 신념도 더 극단으로 흐르며, 관계의
균형이 쉽게 흔들린다."

3. 간섭이론
Interference Theory
기억과 감정의 충돌이 관계의 흐름을 흔드는 순간

벤튼 언더우드
Benton J. Underwood
(1915~1994)

기억 속에서 서로 부딪히는 파편들

심리학에서 기억은 단순히 저장된 정보가 아니다. 기억은 언제나 새로운 경험과 과거 경험의 충돌 속에서 형성된다. 이 지점을 연구한 학자가 바로 미국 심리학자 벤튼 언더우드(Benton J. Underwood)이다. 언더우드는 인간의 망각 현상을 설명하면서, 단순히 시간이 흐르기 때문에 기억이 사라지는 것이 아니라 다른 기억들이 기존 기억을 간섭하기 때문이라고 주장했다. 이것이 바로 간섭이론(Interference Theory)이다. 간섭이론은 크게 두 가지 형태로 설명된다.

- 선행 간섭(Proactive Interference): 과거의 기억이 새로운 기억을

방해하는 경우다. 예컨대, 오래된 비밀번호가 자꾸 떠올라 새로운 비밀번호를 기억하기 어려운 상황이 여기에 해당한다.

- 후행 간섭(Retroactive Interference): 새로운 기억이 과거의 기억을 덮어버리는 경우다. 예를 들어, 새로운 전화번호를 기억하다가 예전 번호를 떠올리기 힘들어지는 현상이다.

즉, 기억은 고정된 보관함이 아니라 끊임없이 갱신되고, 그 과정에서 경합과 간섭이 일어난다. 이 이론은 연애라는 친밀한 관계 속에서도 강렬한 울림을 준다.

사랑의 기억을 방해하는 그림자

남녀 간의 관계에서 간섭이론은 매우 현실적인 문제로 드러난다. 인간은 새로운 연애를 시작할 때 과거 연애의 기억을 완전히 지워낼 수 없다. 그래서 새로운 사랑 속에서도 옛사랑의 흔적이 선행 간섭처럼 스며들어 온다. 상대방의 말투나 습관이 이전 연인의 모습과 겹쳐질 때, 현재의 관계는 과거의 기억에 의해 간섭당한다. 반대로, 시간이 흐르며 새로운 연애가 점점 깊어질수록 우리는 옛사랑의 세부 기억들을 점차 잊는다. 이는 후행 간섭의 결과다. 새로운 사랑의 추억이 과거를 덮어버리고, 이전 관계의 구체적 장면들은 희미해진다. 흥미로운 점은, 이 망각이 단순한 손실이 아니라 심리적 치유의 메커니즘이 될 수 있다는 것이다. 새로운 기억이 과거의 아픔을 희석시키며, 우리는 사랑이라는 반복 속에서 자신을 회복한다. 결국 연애란 기억의 연속이 아니라, 기억의 충돌과 갱신 속에서 이루어진다. 현재의 사랑은 언제나 과거와 부딪히며, 그 간섭의 정도가 관계의 안정성과 만족도를 좌우한다.

새 노래와 옛 노래의 충돌

이를 일상 속 장면으로 비유해보자. 누군가 새로운 연인과 함께 카페에서 듣는 음악이 우연히 예전 연인과 즐겨 들었던 노래일 때, 그 순간 현재의 행복은 과거의 그림자에 의해 흔들린다. 이는 선행 간섭이다. 과거의 기억이 현재의 감정을 침범해 들어오며, 현재의 관계는 예상치 못한 불편함을 겪는다. 반대로, 시간이 흐르며 새로운 연인과 특별한 노래, 장소, 이야기를 만들어가다 보면, 과거 연인과의 기억은 점차 희미해진다. 같은 노래를 들어도 이제는 새로운 사람과의 순간이 먼저 떠오르고, 옛 기억은 뿌옇게 뒤로 밀려난다. 이것이 후행 간섭이다. 새로운 기억이 과거의 흔적을 덮으며, 삶은 끊임없이 갱신된다. 연애 속 간섭이론은 곧, 우리의 마음이 언제나 과거와 현재의 기억이 부딪히는 교차로에 서 있음을 말해준다.

지워지지 않는 기억과 새로운 덮어쓰기

이별의 심리는 간섭이론을 더욱 극명하게 드러낸다. 우리는 이별 후 종종 이렇게 말한다. "시간이 지나도 잊히지 않는다." 사실 이는 시간이 아니라, 간섭의 부족 때문이다. 새로운 사랑이나 새로운 경험이 충분히 과거의 기억을 덮지 못할 때, 옛사랑은 선명히 남는다.

- 선행 간섭의 고통: 새로운 만남을 시도해도, 과거의 기억이 자꾸 끼어들어 현재를 방해한다. 새로운 상대의 말투나 습관이 이전

연인을 떠올리게 할 때, 과거는 여전히 현재를 구속한다.

- 후행 간섭의 치유: 반대로, 시간이 흐르고 새로운 관계가 점점 쌓이면 과거의 얼굴은 흐려진다. 이는 단순히 잊는 것이 아니라, 새로운 기억이 과거를 덮어 쓰는 과정이다. 이별의 아픔을 치유하는 것은 망각이 아니라, 새로운 경험의 누적이다.

결국 이별의 망각은 기억의 자연스러운 대체 과정이다. 과거가 완전히 사라지는 것은 아니지만, 새로운 기억들이 전면을 차지하면서 아픔은 배경으로 물러난다.

사랑은 기억의 간섭을 수용하는 과정

간섭이론은 인간이 망각을 단순한 실패가 아니라 존재의 조건으로 이해하게 한다. 사랑 속에서 우리는 과거와 현재의 기억이 서로 간섭하는 불안정한 장면을 자주 경험한다. 그러나 바로 그 불안정성 덕분에 새로운 사랑이 가능하다. 만약 기억이 절대적으로 고정된다면, 우리는 과거의 아픔에 갇혀 새로운 관계를 시작할 수 없을 것이다. 사랑이란 기억의 단절이 아니라, 기억의 갱신과 재구성이다. 과거의 상처는 완전히 사라지지 않지만, 새로운 사랑이 그 위를 덮으며 삶은 다시 흐른다. 선행 간섭은 우리를 불안하게 만들지만, 후행 간섭은 우리를 치유한다. 결국 사랑은 기억의 간섭을 어떻게 다루느냐에 따라 지속 여부가 달라지는 예술이다. 철학적으로 말하면, 사랑은 '기억을 통제하는 힘'이 아니라 '기억의 간섭을 포용하는 힘'이다. 우리는 언제나 과거와 현재가 충돌하는 지점에서 사랑을 경험하며, 그 충돌 속에서 더 단단한 관계를 형성하거나, 혹은 무너진다.

망각이 주는 두 번째 기회

벤튼 언더우드의 간섭이론은 단순한 기억 연구의 결과가 아니라, 사랑을 이해하는 깊은 은유다. 연애 속에서 우리는 과거의 기억에 의해 방해받기도 하고, 새로운 추억으로 과거를 덮어버리기도 한다. 그리고 바로 그 과정 속에서 우리는 사랑을 배우고, 상처를 치유하며, 또 다른 관계를 향해 나아간다. 사랑은 완벽한 기억의 연속이 아니라, 망각과 간섭의 틈새에서 피어나는 것이다. 과거의 목소리가 현재의 대화를 방해할 수도 있지만, 새로운 웃음이 옛 눈물을 흐릿하게 만들기도 한다. 간섭이론이 보여주는 것은, 사랑이란 결국 기억을 넘어서는 힘이라는 사실이다. 망각은 우리의 배신이 아니라, 새로운 사랑을 가능하게 하는 은총일지도 모른다.

"과거의 기억과 감정이 현재의 관계에 겹쳐질 때, 사랑의 흐름은 종종 엉켜버린다."

사랑의 마지막 층위

: 욕구, 구조, 권력

관계는 결국
'두 세계가 뒤섞이며 재창조되는 과정'이다

사랑을 구성하는 마지막 층위는 개인의 감정을 넘어선다.

매슬로우의 욕구 위계는 우리가 어떤 단계에서 어떤 사랑을 원하는지를 설명하며,

사랑의 삼각형 이론은 열정·친밀·헌신의 조합이 관계의 형태를 결정한다고 말한다.

그리고 헤게모니 이론은 우리가 '자연스럽다'고 믿어온 사랑의 방식들조차 사회의 규범과 문화적 구조가 길들여온 결과임을 조용히 드러낸다.

사랑은 두 사람이 만나 서로의 세계를 다시 쓰는 과정이다.

때로는 충돌로, 때로는 합의로, 때로는 조율로 깊어진다.

이 장은 관계가 왜 완성형이 아니며, 왜 언제나 새롭게 구성되는 문화적 실천인지에 대해 사유하게 하는 마지막 여정이다.

1. 욕구위계이론
Hierarchy of Needs Theory
충족의 단계가 올라갈수록 사랑은 더 높은 의미를 찾는다

WE ACCEPT
THE LOVE
WE THINK
WE DESERVE.

에이브러햄 매슬로우
Abraham Maslow(1908~1970)

    사랑을 말할 때, 우리는 흔히 감정을 먼저 떠올린다. 두근거림, 그리움, 집착, 설렘, 그리고 상처. 그러나 사랑은 단순한 감정이 아니다. 사랑은 인간의 내면에 깊숙이 자리한 '욕구의 언어'이자, 존재의 결핍이 타인을 통해 보완되고자 하는 일종의 심리적 구조다. 심리학자 아브라함 매슬로우(Abraham Maslow)는 인간의 동기를 설명하면서 "모든 인간은 욕구를 따라 살아간다"고 했다. 그리고 그는 그 욕구들이 단순히 나열되어 있는 것이 아니라, 계층적으로 구조화되어 있다는 이론을 1943년 「A Theory of Human Motivation」이라는 논문에서 발표했다. 그것이 바로 '욕구위계이론(Hierarchy of Needs)'이다. 매슬로우의 이론은 인간의 욕구를 다섯 단계로 구분한다.

생리적 욕구, 안전의 욕구, 소속과 사랑의 욕구, 존중의 욕구, 자아실현의 욕구. 이 다섯 가지 욕구는 하위 단계가 충족될수록 상위 단계로 올라가는 구조를 갖는다. 하지만 우리가 눈여겨볼 것은, 이 욕구의 구조가 단지 생존의 문제를 넘어서, '사랑'이라는 감정의 본질에도 그대로 투영된다는 점이다.

사랑은 단순한 로맨스가 아니다. 그것은 존재의 층위를 따라 진화하는 복합적 경험이며, 각 욕구의 결핍이 관계의 방식으로 드러나는 정교한 심리적 서사다.

1단계 생리적 욕구 - 본능으로 시작된 사랑

인간의 가장 기초적인 욕구는 생존이다. 공기, 물, 음식, 수면, 성적 충동 등은 인간이 살아가는 데 절대적으로 필요한 요소다. 이 욕구는 가장 본능적이며, 가장 직접적이고, 때로는 가장 강렬하다. 연애의 시작에서도 이 욕구는 강하게 작용한다. 우리는 종종 상대의 외모, 목소리, 향기, 걸음걸이와 같은 감각적인 요소에 매료된다. 흔히 말하는 '첫눈에 반했다'는 경험은 생리적 욕구의 강력한 작동이다. 이 시기의 사랑은 논리가 아닌 감각으로 움직이며, 감정의 이유를 분석하기보다는 그저 "좋아서" 혹은 "끌려서"라는 말로 설명된다. 그러나 이 단계의 사랑은 지속되기 어렵다. 본능적인 끌림은 빠르게 타오르지만, 금세 식기도 한다. 만족되면 식고, 충족되지 않으면 좌절로 바뀌며, 관계의 깊이보다는 순간적인 열정이 전면에 나온다.

"그 사람을 보면 심장이 뛴다"는 말은, 욕구위계의 가장 아래층에서 울리는 본능의 북소리다.

2단계 안전의 욕구 - 불확실성 앞의 불안과 소유욕

생리적 욕구가 어느 정도 충족되면, 인간은 '안전'을 찾는다. 여기서 말하는 안전은 물리적 안정뿐 아니라, 예측 가능하고 위협 없는 관계를 말한다. 인간은 불확실성을 싫어한다. 특히 연애에서는 더욱 그렇다. 연애 초기 단계에서는 "우린 어떤 사이일까?", "그 사람은 진심일까?", "내일도 연락이 올까?"라는 질문이 머릿속을 떠나지 않는다. 감정이 조금씩 깊어질수록, 관계의 안정성과 지속 가능성에 대한 욕구는 커져간다. 이는 상대방의 연락 빈도, 언행의 일관성, 관계에 대한 정의 등으로 표현된다. 이 욕구가 제대로 충족되지 못하면, 불안감은 곧 소유욕으로 전이된다. 집착, 감시, 확인, 의심이 나타나며, 관계는 심리적 불균형을 겪게 된다. 안전의 욕구는 사랑이 평화롭게 지속될 수 있는 기반을 만들지만, 충족되지 않으면 그 자체로 사랑을 잠식하기도 한다.

사랑은 뜨겁게 시작되지만, 오래 가기 위해선 따뜻한 그늘이 필요하다.

3단계 소속과 사랑의 욕구 - "우리"라는 이름의 관계

안정감이 확보되면, 인간은 타인과의 관계 속에서 정서적 연결을 원한다. 이때 욕구는 '사랑받고 싶다'는 감정과 맞닿아 있다. 이 시기의 연애는 단순히 감정의 교류를 넘어서, 소속감을 기반으로 한 정체성의 공유가 중심이 된다. 상대의 친구나 가족에게 자신을 소개받고 싶고, 연인이라는 호칭으로 명명되고 싶으며, 타인 앞에서도 '우리'로 존재하고 싶은 욕망이 생긴다. 이러한 욕구는 단지 외부 인증의 차원이 아니라, 사랑을 통한 존재의 증명이다. "나는 누군가에게 소중한 사람이다", "나는 이 관계 안에서 의미 있는 존재다"라는 감각은 인간이 사회적 동물로 살아가는 데 필수적인 정서적 자양분이다. 관계의 본질은 사랑을 주고받는 것이 아니라, '우리'라는 새로운 존재를 만들어 가는 것이다.

4단계 존중의 욕구 - 사랑을 통해 나를 존중받고 싶은 마음

인간은 단지 소속되기를 넘어서, 존중받기를 원한다. 특히 연애 관계에서는 단순한 애정보다 더 깊은 차원의 욕구가 발현된다. 나의 감정, 생각, 노력, 가치관이 존중받고 인정받기를 바라는 마음.

이는 '자존감'과 '상대의 인정'이라는 두 축으로 나뉜다. 이 욕구가 충족될 때 우리는 사랑을 통해 '더 나은 나'를 경험하게 된다. 상대에게 인정받고, 그 인정이 내 자존감을 북돋우며, 서로의 성장에 긍정적인 영향을 주는 관계로 나아간다. 반대로, 이 욕구가 충족되지 못하면 상대의 말 한마디, 무시하는 태도, 비교하는 시선이 깊은 상처로 남는다. 이 시기의 연애는 자존감과 자존심 사이를 오가는 줄타기와 같다. 내가 존중받지 못한다고 느낄 때, 사랑은 자주 외로움으로 변질된다.

사랑은 타인의 시선 속에서 내 존재의 의미를 다시 발견하는 경험이다.

5단계 자아실현의 욕구 - 나로서 사랑하고, 사랑하며 나다워지는 것

욕구위계의 최상단, 자아실현의 욕구는 인간이 자기 가능성을 최대한 실현하고자 하는 욕구다.

연애에 있어 이 단계는 매우 고차원적이며, 흔히 우리가 말하는 '진정한 사랑' 혹은 '이상적인 연애'가 이 영역에 해당한다. 이 시기의 사랑은 타인을 통해 자아를 확장하는 경험이다. 서로의 꿈을 지지하고, 각자의 삶을 응원하며, '너와 함께여서 더 좋은 나'가 된다. 구속이나 소유의 개념은 이 단계에서 자연스럽게 사라지고, 사랑은 '존재의 자유'로 이어진다. 이러한 관계에서는 희생이 강요되지 않는다. 오히려 자기실현이 두 사람 모두에게 열려 있는 공간으로 작동하며, 연애는 삶의 에너지를 북돋는 든든한 토대가 된다. 우리는 이런 사랑을 만나면, 누군가를 사랑하는 일이 곧 나를 더욱 깊이 이해하게 되는 일임을 깨닫게 된다. 사랑은 삶의 목적이 아니라, 내가 살아가는 이유를 더욱 명료하게 만드는 하나의 방식이다.

사랑의 욕구는 '진화'한다

사랑이란 하나의 감정이 아니다. 그것은 하나의 층위를 따라 진화하는 욕망의 여정이며, 관계 속에서 서로의 결핍을 채워나가는 공동작업이다. 그리고 이 모든 여정의 바탕에는 '나는 누군가에게 의미 있는 존재가 되고 싶다'는 인간 본연의 욕구가 흐르고 있다. 사랑이 자주 실패하는 이유는, 우리가 사랑을 단지 감정의 문제로만 다루기 때문이다. 하지만 사랑은 심리적 구조를 가진 욕망의 언어이며, 이를 이해할 때 우리는 더 성숙하고 지속 가능한 관계를 만들 수 있다.

우리는 지금, 어떤 욕구 위에 서 있는가?

당신은 지금, 사랑이라는 관계 속에서 어떤 욕구를 가장 강하게 느끼고 있는가?

생리적 끌림의 단계에 머물러 있는가?

안전과 확신을 바라고 있는가?

혹은, 함께 성장할 수 있는 '나 다운 사랑'을 꿈꾸고 있는가?

연애는 내가 어떤 사람인지, 어떤 결핍을 안고 살아가는지를 드러내는 정직한 거울이다. 그러므로 사랑을 이해하는 가장 좋은 방법은, 먼저 내 욕구의 지도를 읽는 것이다. 사랑은 결코 멀리 있지 않다. 다만, 우리는 아직 그 사랑의 구조를 충분히 들여다보지 않았을 뿐이다.

> "사랑은 결핍을 채우는 단계에서 시작해, 점점 더 높은 의미와 가치로 나
> 아가며 성숙해진다."

2. 사랑의 삼각형 이론
Triangular Theory of Love

열정, 친밀, 헌신의 균형이 사랑의 모양을 그린다

로버트 스턴버그
Robert J. Sternberg(1949~)

사랑은 구조다_감정의 수학적 기하학

"사랑은 한 점의 감정이 아니라, 세 변의 긴장으로 이루어진 구조다." - Robert J. Sternberg

로버트 스턴버그는 사랑을 단일 감정이 아닌, 세 가지 구성요소의 역동적 결합으로 이해했다.

그는 사랑의 본질을 '친밀감(Intimacy)', '열정(Passion)', '헌신(Commitment)'이라는 세 축으로 제시하며, 이를 삼각형의 세 변으로 표현했다. 이 구조는 사랑이 단지 감정의 폭발이 아니라, 서로 다른 성질의 심리적 힘들이 균형을 이루며 완성되는 하나의 '기하학적 형태'임을 시사한다. 친밀감은 관계의 온도를 결정한다. 이는 마음의 가까움, 신뢰, 이해, 그리고 감정적 연결을 의미한다. 열정은 불꽃과 같다. 신체적 매력과 낭만적 욕망, 그리고 두근거림이 여기에 속한다. 마지막으로 헌신은 시간의 축이다. 변하지 않으려는 의지, 관계를 유지하고자 하는 결정의 영역이다. 이 세 요소가 완벽히 조화를 이루면 그것이 스턴버그가 말한 '완전한 사랑(Consummate Love)'이다. 반대로 하나가 지나치거나 결여되면, 사랑은 기울거나 왜곡된다. 그는 이 변형의 양상을 통해 사랑의 여섯 가지 얼굴을 호감, 도취, 공허, 낭만적 사랑, 우애적 사랑, 맹목적 사랑으로 구분했다.

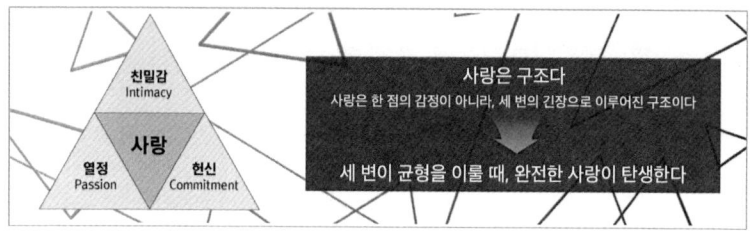

사랑은 온도와 시간이라는 감정의 물리학이다

"열정은 불씨이며, 헌신은 그 불을 지키는 유리 덮개이다."

스턴버그의 이론이 흥미로운 이유는, 사랑을 단순한 감정의 높낮이가 아니라 시간적 변화의 함수로 본다는 점이다. 초기의 사랑은 대부분 열정이 주도한다. 낯섦과 호기심, 육체적 매력은 관계의 불을 밝히지만, 불은 오래 지속되지 않는다. 시간이 흐를수록 친밀감이 자라며, 상대의 내면을 이해하고 신뢰가 형성되면서 사랑은 온도를 조절한다. 그러나 친밀감만으로는 관계를 유지할 수 없다. 헌신이 개입할 때 비로소 사랑은 '형태'를 얻는다. 헌신은 '함께 가기로 한 결심'이다. 이는 감정의 자발성보다 이성의 지속성을 요구한다. 스턴버그는 바로 이 지점에서 사랑의 성숙이 시작된다고 본다.

현대 연애의 문제는 종종 열정에 지나치게 기대거나, 헌신을 '속박'으로 오해하는 데 있다. 그러나 스턴버그의 관점에서 보면 헌신은 감정을 구속하기 위한 장치가 아니라, 감정을 보존하기 위한 구조적 장력이다.

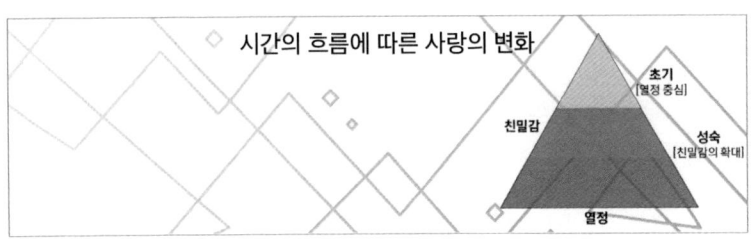

남녀의 사랑은 세 변의 불균형으로 이루어진 심리적 비대칭의 미학

"우리는 같은 삼각형을 바라보지만, 서로 다른 꼭짓점을 사랑한다."

남녀 간의 사랑은 이 삼각형의 균형에서 종종 어긋난다. 남성은 열정과 헌신의 축에, 여성은 친밀감과 헌신의 축에 더 민감하게 반응하는 경향이 있다. 이는 생물학적 본능과 사회적 학습의 결과로 볼 수 있다. 남성은 사랑을 '행동'으로 증명하려 하고, 여성은 사랑을 '언어'로 느끼려 한다. 이러한 불균형은 갈등의 원인이 되기도 하지만, 동시에 사랑을 더욱 입체적으로 만든다. 열정이 앞선 사랑은 불안정하지만 뜨겁고, 헌신이 앞선 사랑은 안정적이지만 때로는 식어 있다. 친밀감이 우선하는 관계는 깊지만 위험하게도 '우정과 사랑의 경계'를 흐릴 수 있다. 결국 진정한 사랑은 서로 다른 변의 길이를 맞추는 과정이다. 남녀가 각자의 변을 조정하며 삼각형을 '정삼각형'에 가깝게 만들어가는 것, 그것이 관계의 성장이다.

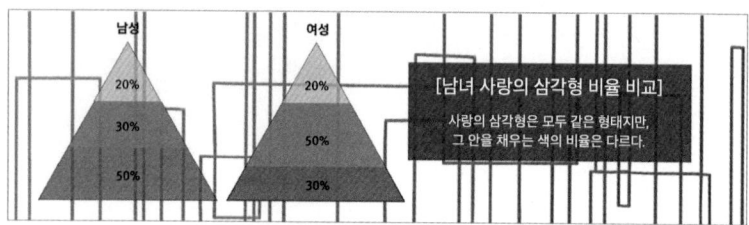

불완전한 사랑의 관계 그림자 형태들

"모든 사랑은 완전함을 향한 시도이지만, 완전함에 머물 수는 없다."

스턴버그는 사랑의 세 요소 중 어느 하나가 결핍될 때 나타나는 여섯 가지 불완전한 형태를 제시했다.

1. **호감(Liking)**: 친밀감만 존재하는 관계, 친구 같은 사랑

2. **도취(Infatuation)**: 열정만 존재하는 사랑, 불꽃처럼 타오르지만 쉽게 사라진다

3. **공허(Empty Love)**: 헌신만 남은 사랑, 껍데기 같은 관계

4. **낭만적 사랑(Romantic Love)**: 친밀감 + 열정, 하지만 미래는 불투명

5. **우애적 사랑(Companionate Love)**: 친밀감 + 헌신, 깊지만 열정이 식은 관계

6. **맹목적 사랑(Fatuous Love)**: 열정 + 헌신, 그러나 깊은 이해가 부재

이 여섯 가지는 모두 사랑의 '부분집합'이다. 완전한 사랑은 이 불완전한 조합들을 모두 지나야 도달할 수 있는 경지다. 즉, 사랑의 결핍은 실패가 아니라 과정의 일부이며, 불완전함이야말로 완전함으로 가는 길이다.

사랑의 기하학에서 인생의 철학으로의 관계 예술

"사랑의 삼각형은 연인의 심리구조이자, 인간관계의 우주지도이다."

스턴버그의 이론은 단지 연애의 심리학이 아니다. 그는 사랑을 인간관계 전반의 구조로 확장시켰다.

부모와 자녀 간의 애착, 친구 사이의 유대, 심지어 자신에 대한 자기애 역시 이 삼각형의 변주 속에서 이해될 수 있다. 가장 성숙한 사랑은, 세 변이 완벽히 대칭을 이루는 정삼각형적 사랑이 아니라, 서로 다른 변을 인정하면서 균형을 찾으려는 '불균형의 미학'에 있다. 사랑은 늘 한쪽이 조금 더 기울고, 한 변이 길거나 짧다. 그러나 그 기울기를 감싸 안는 이해와 노력 속에서 관계는 형태를 유지한다.

결국 스턴버그의 이론은 우리에게 이런 메시지를 던진다.

"사랑은 감정이 아니라, 감정을 지탱하는 구조다." 그리고 인간의 사랑은 완벽을 향한 불완전한 구조물이며, 그 구조를 세우는 것은 수학이 아니라, 인간의 의지이다.

"사랑의 모양은 열정, 친밀, 헌신의 비율로 그려지며, 균형이 맞을 때 가장 단단한 형태를 갖춘다."

3. 헤게모니 이론
Gramscian Theory of Hegemony
사회가 길러온 자연스러움이 관계의 규칙을 조용히 지배한다

안토니오 그람시
Antonio Gramsci(1891~1937)

    사랑이라는 세계는 표면적으로는 두 사람의 감정이 만나 흔들리고 이어지는 장면들의 연속처럼 보이지만, 그 깊은 아래에는 우리가 자각하지 못한 채 따라온 문화적 체질과 관계의 규칙들이 조용히 누워 있다. 이러한 보이지 않는 흐름을 해석하는 데 도움을 주는 이론이 바로 이탈리아의 사상가 안토니오 그람시가 제시한 헤게모니 개념이다. 그람시는 권력이란 단지 강압이나 지배의 힘이 아니라, 사람들이 그것을 자연스럽다고 받아들이는 순간 비로소 완성된다고 보았다. 사회는 사람들의 일상 속에 스며든 언어와 습관, 관념을 통해 조용하게 질서를 굴리고, 개인은 그 질서에 동의함으로써 스스로를 그 안에 맞춰간다는 통찰이었다.

이 관점은 연애라는 작은 사회에도 고스란히 적용된다. 남녀가 서로를 바라보는 방식, 감정에 반응하는 속도, 말의 무게를 판단하는 기준은 우리가 스스로 선택한 것처럼 보이지만, 그 뒤에는 사회가 오랫동안 주조해 온 감정의 규범이 깃들어 있다. 만남의 순간부터 갈등의 순간까지, 사랑은 개인의 선택만으로 움직이지 않는다. 보이지 않는 규범이 관계의 결을 은은하게 잡아당기고 있으며, 우리는 그 결을 자연스러움이라 부르며 거의 의심하지 않는다. 헤게모니 이론은 바로 이 지점에서 빛을 발한다. 사랑 속 불균형과 오해가 개인의 탓이 아니라, 사회적 규범이 만든 흐름일 수 있음을 드러내기 때문이다.

헤게모니가 관계에 스며드는 방식

연애 초기에 누가 리드해야 하는지, 감정 표현은 누가 더 잘해야 하는지, 갈등이 생기면 누가 먼저 다가가야 하는지 같은 것들은 명문화된 규칙이 아님에도 매우 익숙한 형태로 자리 잡는다. 이러한 익숙함은 단순한 경험의 산물이 아니라, 사회가 오래전부터 지속적으로 만들어 온 감정의 구조에서 비롯된다. 헤게모니는 강요가 아니라 동의를 통해 작동한다. 성별에 따라 감정을 표현하는 방식이 다르다는 통념이나, 남성은 말을 아껴야 성숙해 보인다는 인식, 여성은 감정에 더 민감해야 한다는 이미지 등이 대표적이다. 이런 규범은 개인이 지닌 성향보다 앞서 관계의 기준을 형성하고, 두 사람이 서로를 평가하는 프레임을 만들어버린다. 그래서 연애 속 오해는 개인의 문제가 아니라, 서로 다른 헤게모니적 문화에 길들여진 두 사람이 만나 생기는 균열일 때가 많다.

간단한 사례로 보는 헤게모니의 작용

한 커플의 이야기를 생각해보자.

남자는 감정을 절제된 언어로 표현해왔고, 여자는 감정을 세밀한 대화 속에서 나누며 친밀감을 쌓아왔다. 남자의 과묵한 침묵은 무관심이 아니라 성장 과정에서 자연스럽게 체득한 역할 규범의 결과였다. 남자는 말을 적게 해야 안정적이라는 믿음이 종종 그의 행동을 대신 설명해주었다. 반대로 여자의 풍부한 감정 표현은 때로 과함으로 읽혀 부담을 안기기도 했다. 둘 사이에 오해가 생긴 것은 서로가 이상하거나 잘못해서가 아니라, 각자의 삶 속에서 다르게 내면화된 감정의 문화 때문이다. 헤게모니는 이렇게 조용히 스며들어, 개인의 선택으로 보이는 행동을 실제로는 사회가 만들어준 흐름에 의존하게 만든다.

관계란 서로의 세계를 다시 쓰는 과정

그람시가 말했듯, 지배는 폭력이 아니라 동의의 누적에서 비롯된다. 사랑 또한 자신이 익숙한 방식이 정답이라고 믿는 순간, 상대에게도 같은 방식을 요구하게 된다. 하지만 관계의 균형은 누가 옳고 그름을 가르는 것이 아니라, 각자가 살아온 문화적 결을 이해하고, 둘이 합의할 수 있는 새로운 방식을 다시 설계하는 데서 찾아야 한다. 누군가는 침묵에 익숙하고, 누군가는 말의 흐름에 익숙하다. 누군가는 빠른 감정의 확신 속에서 사랑을 느끼고, 누군가는 느린 감정의 여정에서 안정감을 느낀다. 이 차이는 변덕이나 고집이 아니라, 서로 다른 문화적 길들이기의 결과다. 따라서 관계는 잦은 해석을 필요로 하는 번역 과정이며, 그 번역 속에서 두 사람만의 감정 언어가 만들어진다.

감정의 질서를 다시 세우기 위한 제안

관계가 지속되고 깊어지기 위해서는, 사회가 만들어준 익숙함을 비판적으로 바라보는 작은 용기가 필요하다.

첫째, 자연스럽다고 여겼던 방식이 정말 관계에 맞는 것인지 질문해볼 필요가 있다. 이 질문은 오래된 틀을 흔들고 새로운 질서를 마련하는 시작점이 된다.

둘째, 성별에 따른 역할을 잠시 내려놓고 상대의 개별적 세계를 바라보는 시선이 필요하다.

감정의 결은 성별보다 개인의 서사에 훨씬 크게 좌우된다.

셋째, 솔직한 대화를 통해 둘만의 규칙을 다시 쓰는 과정이 필요하다. 속도, 거리감, 표현의 방식 등은 기존의 사회적 틀을 따르기보다 둘이 새롭게 구축해가는 것이 더 건강하다.

사랑은 언제나 다시 태어나는 문화

연애라는 것은 단순한 감정의 교류가 아니라, 두 사람이 각자의 삶에서 가져온 문화가 만나 서로를 조율해가는 과정이다. 그람시의 헤게모니 이론은 이 과정을 한층 깊게 이해하도록 도와준다. 우리가 자연스럽다고 여긴 수많은 반응이 사실은 사회가 오랫동안 길들여 온 감정의 질서였음을 드러내주기 때문이다. 그러나 사랑은 그 질서를 그대로 따르는 데서 완성되지 않는다. 서로의 세계를 존중하고, 기존의 자연스러움을 해체하며, 새로운 감정의 규칙을 함께 만들어가는 과정 속에서 비로소 더 깊어지고 단단해진다.

사랑은 언제나 재창조되는 문화이고, 헤게모니 이론은 그 변화를 이해하고 더 나은 방향으로 이끌어주는 조용한 나침반처럼 작동한다.

"사랑의 규칙은 개인의 선택처럼 보이지만, 결국 사회가 자연스럽다고 여긴 기준이 조용히 작동한다."

서로의 세계를
다시 배우는 일에 대하여

사랑을 이해하는 일은 결국 인간을 이해하는 일과 다르지 않았다.

심리학의 언어들은 마음속에서 벌어지는 수많은 움직임을 설명해주었고, 커뮤니케이션 이론들은 말과 침묵 사이에서 흐르던 미세한 갈등과 오해의 결을 드러내주었다.

우리는 이 책을 따라 사랑의 시작과 흔들림, 친밀함의 성장과 균열, 그리고 디지털 시대의 감정이 겪는 새로운 변화를 천천히 짚어왔다.

그러나 이론은 그저 지도를 건네줄 뿐, 사랑의 길을 직접 걸어가는 일은 결국 각자의 몫이다.

지도는 방향을 알려주지만, 길 위에서 무엇을 느끼고 어떻게 멈추며, 어떤 순간을 지나칠지 결정하는 것은 언제나 사랑하는 사람들과의 관계 속에서 만들어진다.

사랑은 완성된 정답을 요구하지 않는다.

때로는 귀인이 잘못된 방향으로 흘러도,

때로는 균형이 무너지고 오해가 깊어져도

그 경험 자체가 우리를 또 다른 이해로 밀어낸다.

심리적 규칙이 항상 맞아떨어지지 않는 이유는 우리가 이론의 평균치가 아니라 고유한 서사로 살아가는 존재이기 때문이다.

그럼에도 불구하고 이론을 아는 일은 관계를 바라보는 마음의 시야를 넓혀준다.

상대의 행동을 단순한 부족함으로 읽지 않게 되고, 자신의 감정도 무작정 탓하지 않게 된다.

감정은 원인을 가지고 움직이며,

말은 맥락을 따라 흐르고,

관계는 둘이 공유한 인지와 규범, 기억과 메시지가 교차하는 지점에서 자라난다.

이 책을 통해 그 흐름을 조금이나마 이해하게 되었다면, 우리의 사랑은 이전보다 더 깊고 차분한 방향으로 나아갈 수 있을 것이다.

무엇보다 중요한 것은, 사랑은 변하지 않는 본질을 가진 것이 아니라 둘이 함께 다시 써 내려가는 '과정'이라는 점이다.

그 과정 속에서 우리는 서로의 방식, 서로의 상처, 서로의 기대를 조금씩 배워가며 누구도 경험해보지 못한 고유한 관계의 언어를 만들어낸다.

이론은 그 언어를 설명하는 도구일 뿐, 결국 그것을 완성시키는 것은 우리 각자가 품고 있는 인간적 경험이다.

혹시 지금 당신이 사랑으로 인해 흔들리고 있다면,

그 흔들림을 실패로 보지 않기를 바란다.

흔들림은 관계가 움직이고 있다는 증거이며, 움직임은 언제나 성장의 한 형태다.

이 책이 그 움직임에 조금이라도 해석의 여지를 남겨주었다면, 그것만으로도 이 페이지들은 충분한 의미를 가진다.

우리는 각자의 길 위에서 사랑을 경험한다.

그 길이 단순하지 않다는 사실은 오히려 위안이 된다.

사랑은 늘 예측보다 느리게 자라고, 때때로 우리의 이론보다 훨씬 복잡하게 움직인다.

그러나 그 복잡함 속에서 두 사람은 서로를 이해하고, 그 이해는 결국 또 다른 형태의 친밀감을 만들어낸다.

이 책을 덮는 지금 이 순간, 어쩌면 당신의 마음속에도 여전히 해석되지 않은 감정들이 남아 있을 것이다.

그 감정들은 모두 당신의 세계를 이루는 조각들이며,

누군가와 함께 나누어갈 또 다른 이야기의 시작점이다.

언젠가 다시 사랑이 우리를 부를 때, 우리는 이전보다 조금 더 다르게 반응할 수 있을 것이다.

그 변화가 어떤 새로운 세계를 열지 알 수 없지만,

분명한 것은 우리의 마음은 여전히 배우고 있으며,

그 배움 덕분에 사랑은 언제나 다시 태어난다는 사실이다.

이 책이 그 재탄생의 순간에 조용한 나침반 하나를 쥐어줄 수 있기를 바란다.